Christina Riecke

Sisterhood –

Was Frauen
einander bedeuten

22.07.03

edition
JOYCE

Für Erika Johanna Marianne

© 2002 R. Brockhaus Verlag Wuppertal
Umschlag: Ursula Stephan, Wetzlar
»Sisterhood«-Logo (S. 7): Miriam Gauper, Essen
Gesamtherstellung: Breklumer Druckerei Manfred Siegel KG
ISBN 3-417-24774-8
Bestell-Nr. 224 774

Inhalt

Vorwort

*... und sie sprachen zu
der Frau:
... wir haben selbst gehört
und erkannt.*

Evangelium von Johannes,
Kapitel 4, Vers 42

Bei einer Feier wandert mein Blick durch den Raum. Ich sehe die vielen anderen Frauen, wir sind so verschieden. Ich beobachte sie und plötzlich auch mich selbst und merke, wie ich die anderen beurteile und einordne.

Mein Blick wandert durch den Raum, und ich wünsche mir, ich hoffe, ich bete, dass ich richtig hinsehe. Wenn sich mein Blick mit den Augen einer Freundin trifft, wenn er das Zwinkern meiner kleinen Nichte erwidert, die Hände meiner Mutter streift und einen Moment auf ihrem vertrauten Gesicht ruht, wenn mein Blick zufällig in den Spiegel fällt, auf alte Fotos oder die Titelseite eines Modemagazins, dann möchte ich zu jeder von uns, ohne jede Ausnahme, sagen: »Originell!«, und: »Liebenswert!«

Wenn meine Augen uns sehen, entdecke ich jedes Mal etwas von mir selbst auch in anderen. Ich möchte sie offen, wohlwollend, liebevoll anschauen, ihnen in die Augen sehen, mit Lachfalten, Wimperntusche oder Tränen, ihre Wahrnehmung teilen. Und dann möchte ich zu jeder von uns, ohne jede Ausnahme, sagen: »Schwester!«

Über solche Augenblicke hinaus wünsche ich mir, eine neue Sicht dafür zu gewinnen, was Frauen einander bedeuten. Ich nenne diesen Blick, diese Vision »Sisterhood«.

5

Das Buch erzählt davon, wie diese Vision entstanden ist. Erzählt von mir und meiner Suche nach Freundschaft, meinen Erfahrungen mit anderen Frauen und meiner Entscheidung für Sisterhood, eine Einstellung, die Respekt und Solidarität fordert und fördert. Sisterhood bedeutet Verschwesterung und ist die aktive Form von Schwestersein. In erster Linie ist Sisterhood eine Haltung gegenüber anderen Frauen: Ich identifiziere mich mit ihnen, ich will sie ermutigen und unterstützen, ich lerne von ihnen, ich brauche sie.

Es ist nicht so, als hätte ich mich immer automatisch gut mit Frauen verstanden oder als sei ich ein harmonischer Typ, der immer mit allen klarkommt. Die Versöhnung mit Frauen erlebe ich als Prozess und als Versöhnung mit mir selbst, mit meinen Wurzeln, meiner Familie, meinem Körper, meinen Gaben, mit meinem Zorn, meinem Zweifel, meinen Grenzen und Möglichkeiten; mit den Erfahrungen, die ich als erniedrigend und ungerecht oder als befreiend und wunderbar erlebe; in Auseinandersetzung mit Männern und Frauen.

Ich schreibe heute mit Dankbarkeit und innerer Freiheit über mein eigenes Frausein, über Frauen und Männer, Mütter und Töchter und über Gott, mein größtes Glück. Diese Freiheit habe ich gewonnen und erkämpft, weder nur selbst erarbeitet noch einfach selbstverständlich geschenkt bekommen. Ich habe diesen Prozess als einen Weg mit Gott erlebt, inspiriert von seinen Gedanken, aufgefangen von seinen Worten.

Dieses Buch erzählt auch davon, wie aus einer Vision schrittweise eine Initiative wurde, die sich in konkreten Projekten zeigt. Zuerst in meiner Gemeinde, dem *CVJM emotion* in Essen. Wir Schwestern bei *emotion* brauchen Zeit und Platz für uns. Frauen treffen sich »für sich«. Es gibt auch eine »Brotherhood«-Gruppe, denn für die Männer gilt das Gleiche. Zur »Sisterhood«-Gruppe gehören Frauen jeden Alters. Wir sind Christinnen, helfen uns gegenseitig und beten füreinander.

Als wir merkten, wie sehr wir von Sisterhood profitierten, luden wir immer mehr Frauen dazu ein, Freundinnen, Kolleginnen, Nachbarinnen. Deshalb organisiert Sisterhood zum Beispiel Treffen für Krimifans in der Kneipe, ein Wellness-Wochenende, einen Themennachmittag in der Stadtbücherei. Sisterhood regt mit Lehrerinnen, Mädchen und der Gleichstellungsbeauftragten der Stadt einen Gedichtwettbewerb an und ermutigt mit »Mut reimt gut« Schülerinnen dazu, eigene Texte zu schreiben.

Zur großen Sisterhood-Gruppe gehören Frauen jeden Alters, unterschiedlichster Berufe und Lebenssituationen. Solidarität soll es nicht nur in Spezialfragen geben, sondern für uns alle: Mütter, Berufstätige, Alleinerziehende, Singles, Großmütter, Kinderlose. Wir sind alle Töchter.

Ich möchte Sie gewinnen und lade Sie ein, meinen Wunsch nach Verschwesterung mitzuwünschen.

In der Bibel wird von einer Frau erzählt, mit der ich mich besonders gut identifizieren kann. Als diese Frau Jesus begegnet, erlebt sie die Versöhnung mit ihrer eigenen Geschichte, mit Gott und mit den Menschen in ihrem Dorf, die sie bislang als Außenseiterin behandelten. Die anderen bemerken ihre Veränderung, ihre neue Liebe und dass sie ihr Glück, ihr Heil gefunden hat. Sie machen sich selbst auf den Weg zu Jesus, sie wollen selber hören, erkennen, entdecken und eigene Erfahrungen machen.

Das ist mein Wunsch. Deshalb habe ich dieses Buch geschrieben: Damit Sie neugierig werden, eigene Entdeckungen machen und selber Sisterhood *tun*.

1. Was bewegt die Generation nach der Frauenbewegung?

Wer wir sind

Ich bin ein Mensch.
Ich bin in Deutschland aufgewachsen.
Ich konnte studieren und arbeite in meinem Beruf.
Ich bin 32 Jahre alt.
Ich bin verheiratet und habe keine Kinder.
Ich habe kurze blonde Haare und trage am liebsten Jeans.
Ich habe zwei Schwestern und ein paar wirklich gute Freundinnen und Freunde.
Und ich bin eine Frau.

Ich bin in Deutschland aufgewachsen. Als deutsche Staatsbürgerin bin ich wahlberechtigt. Ich habe eine Stimme, die zählt. Das ist nicht selbstverständlich – in vielen anderen Ländern haben die Frauen keine Wahl, und zu anderen Zeiten war das in meinem Land auch so. Ich kann mich politisch engagieren, öffentlich auftreten, im Parlament sitzen. Das halte ich für ein Menschenrecht.

Ich konnte studieren und arbeite in meinem Beruf. Meine Großmutter hat dafür gekämpft, dass meine Mutter studieren konnte. Sie und ihre Freundin, meine Patentante,

waren die einzigen beiden Mädchen aus ihrem Dorf, die Lehrerin bzw. Ärztin wurden. Ich musste nicht kämpfen: Der Weg zur Universität stand mir frei. Über 50 Prozent der Studierenden sind heute Frauen. Nicht in jedem Studiengang, längst nicht jede macht auch einen Abschluss und erst recht nicht alle finden nachher Arbeit, und im Lehrapparat ist auch nur jede Zehnte eine Frau. Aber es ist uns nicht verboten zu lernen, was wir lernen wollen. Zur Schule gehen und lernen zu dürfen, halte ich für ein Menschenrecht. Und – auch für ein Privileg.

Ich arbeite als Evangelistin. Es gibt viele Kirchen, Kolleginnen und Kollegen, die sich freuen, wenn Frauen ihre Gaben einbringen. Es gibt aber auch Kirchen, die es von ihrer Glaubensüberzeugung her für richtig halten, Frauen die Ausübung mancher Gaben zu verwehren. Nach meiner Glaubenserkenntnis sehe ich es als ein Privileg und eine Berufung an.

Ich bin 32 Jahre alt. Unsere Mütter und die Generationen von Frauen vor ihnen haben dafür gekämpft, dass Menschenrechte auch Frauenrechte werden. Als Einzelne konnten sie oft nicht viel verändern, deshalb haben sie sich in Gruppen oder Initiativen zusammengetan. Das führte im 20. Jahrhundert zur Frauenbewegung, zu einer wahren Revolution im Zusammenleben von Männern und Frauen. Als 32-Jährige profitiere ich davon. Die Frauenbewegung hat viel erreicht für uns Frauen. Hat sie alles erreicht und war alles gut, was sie erreicht hat?

Ich bin verheiratet und habe keine Kinder. Ich bin verheiratet, nicht verheiratet worden. Hatte die Freiheit, mich in einen Mann zu verlieben, und die Freiheit, ihn zu heiraten, mit ihm zu leben, ihn zu lieben, zu ergänzen, herauszufordern, zu beschützen. Ich brauche ihn so, wie er mich braucht. Wir sind verschieden, aber das ist mehr als nur eine Frage des Geschlechts.

Wir haben keine Kinder. Unsere Generation hat die Freiheit zu wählen: Wollen wir Kinder, oder nicht? Und wann? Wollen wir verhüten, und wenn ja, wie? Wollen wir ein Kind, zwei oder mehr? Wollen wir, dass die Mutter berufstätig ist? Will der Vater Erziehungsurlaub nehmen?

Bei aller Freiheit und allen Rechten und Möglichkeiten: Für manche wird die Wahl zur Qual. Schmerzhaft, irritierend und für viele überraschend ist es gar, wenn wir merken, dass auch nicht immer alles möglich ist, was wir uns wünschen. Wenn trotz Freiheit und Fortschritt keine Alternativen mehr zur Wahl stehen. Wie bei der Berufswahl und der Partnerwahl, geht auch bei der Kinderfrage nicht jeder Wunsch in Erfüllung. Wir haben Freiheiten, immer mehr ist (medizinisch) machbar, aber als Menschen bleiben wir begrenzt und manchmal einfach hilflos.

Ich bezeichne mich nur ganz selten als »kinderlos«, beschreibe mich nicht gern von dem her, was mir fehlt. Denn obwohl ich keine eigenen Kinder habe, gibt es Kinder in meinem Leben, fünf Patenkinder, die Kinder meiner Freundinnen, die vielen Teens aus meiner Arbeit. Sie bringen Impulse in mein Leben, Fragen, Anregungen, Beobachtungen, die andere mir nicht geben können. Voller Spannung erwarte ich gerade die Geburt des ersten Kindes meiner Freundig Verena. Oft lege ich meine Hand auf ihren Bauch und ertappe mich dabei, dass ich mich frage, ob sie nicht ein Kissen unter dem Pulli versteckt hat und das alles nur ein Spiel ist wie früher, als wir selbst kleine Mädchen waren. Ich freue mich mit ihr auf ihr Kind, bin gespannt, was es alles verändern wird – auch in meinem Leben.

Ich habe kurze blonde Haare und trage am liebsten Jeans. Meine Frisur und meine Kleidung kann ich mir selbst aussuchen. Ich muss keinen Schleier tragen, auch im Gottesdienst trage ich keine Kopfbedeckung. Ich muss mich nicht in lange Kleider hüllen. Jeans zu tragen ist nichts Ungewöhnliches für die Frauen meiner Generation. Keine Einschränkungen also?

Wenn man sich vom Diktat der Mode nicht einschüchtern lässt, nicht. Wenn man selber nähen oder viel Geld für Klamotten ausgeben kann, nicht. Wer eine H&M-Filiale kennt, die Größe 42 führt, nicht – ich meine eine Größe 42, auf der nicht »enjoy your pregnancy« steht; eine Größe 42, in die jemand mit der Figur einer Größe 42 reinpasst, nicht eine 38. Ansonsten – große Freiheit. Man muss ja wirklich nicht jede Mode mitmachen. Nächsten Winter gibt es sicher wieder anderes als nur Pastellfarben, Beige und Rosenmuster gedruckt auf durchsichtigem Nylon. Und Jeans gibt's immer.

Ich habe zwei Schwestern, Freundinnen und Freunde.

Menschen, die mich lieb haben und schätzen. Ich gehöre zu einer Familie, zu einer christlichen Gemeinde und lebe in einer WG. Denn ich brauche Gemeinschaft, das Gespräch mit anderen, ihre Ideen. Ich bete, suche das Gespräch mit Gott. Denn ich halte uns Menschen nicht für Alleinunterhalter(-innen). Frauen und Männer begleiten mich, ältere und jüngere, Kinder. Sie geben mir wichtige Impulse für mein Leben. So bin ich Teil von einem großen Beziehungsnetz; die Menschen, die vor mir lebten und nach mir kommen, sind mir gleichermaßen nicht egal. Ich profitiere von anderen und will, dass andere von mir profitieren. Was ich geerbt habe, was mir anvertraut wurde, will ich einsetzen und weitergeben. Menschenrechte sind, so grundlegend sie sind, überhaupt nicht selbstverständliche Wirklichkeit, sondern müssen immer wieder verwirklicht werden.

Generationen von Frauen

Meine Oma
hat den Krieg zweimal erlebt
Meine Mutter
kennt ihn noch aus nächster Nähe
Ich
weiß von ihm nur aus dem Fernsehen
und lebe in Frieden
    Kleine Nichte
    ich wünsche dir
    Lebenszeit
    ohne Bomben, ohne Tränengas, ohne Flucht

Meine Oma
hat den Hunger am eigenen Leib gespürt
    Meine Mutter
    hat noch Geschichten von Brotrationen gehört
    und weiß noch, wie eine Essenmarke aussieht

Ich
kenne ihn nur aus fernen Ländern
und bin immer satt gewesen
   Kleine Nichte
   ich wünsche dir
   Lebenszeit ohne Not
   aber
   die Erfahrung wie das ist
   Bonbons zu teilen
   oder Spielzeug abzugeben
   die wünsche ich dir auch

Meine Oma
sagte Menschenrechte haben kein Geschlecht
und stand mit ihrem Leben für diese Position
aber Sitte Brauch und Tradition waren auch stark
Meine Mutter
Freiheit war irgendwie nicht so ihr Thema
aber Würde
Ich
profitiere von den Generationen vor mir
und gehe weiter
   Kleine Nichte
   ich wünsche dir
   dass die Menschen dich nicht
   nach deinem Geschlecht beurteilen
   sondern nach deinem Charakter und deiner Ausstrahlung
   und dass jede Gabe in dir wachsen darf
   und du sie dann auch weitergeben kannst
   ich wünsche dir
   dass du in Frieden lebst
   satt bist
   teilen kannst
   glücklich wirst
   stark und frei
   Geh sorgsam damit um
   nach dir
   kommen wieder andere

Ich bin ein Mensch

Dass ich eine Frau bin, prägt mein Leben, beeinflusst mein Denken, meine Gefühle und meine Intuition, erweitert oder begrenzt meine Möglichkeiten. Dass ich reich bin, im Westen aufgewachsen, prägt mich, bestimmt meine Lebensbedingungen aber auch total! Dass ich gesund bin, laufen kann, dass ich Arbeit habe, Auto fahre, prägt mich. Dass ich Christin bin, beeinflusst mein Denken, meine Einstellungen, mein Verhalten, meine Werte und Entscheidungen. Wer, was und wie ich bin, mächtig oder klug oder einsam, begabt, dankbar, zuversichtlich, unzufrieden oder ängstlich, beeinflusst mein Leben.

Ich bin ein Mensch. Zu meinem Glück bin ich nicht alleine. Ich brauche die Hilfe, die Sicht der anderen, damit ich das Leben nicht reduziere auf meine Erfahrungen – als Frau, als Weiße, Reiche, Berufstätige … Ich brauche andere Frauen, andere Menschen. Ich will Zusammenhänge verstehen und nicht nur immer ein Bruchstück des Ganzen.

Ich bin ein Mensch. Und das bedeutet, dass ich mich nicht reduzieren lasse auf typische Rollenklischees. Als Predigerin beschränke ich mich nicht auf bestimmte Frauenthemen und -texte, ich bin Teil und beteiligt an der *ganzen* Geschichte Gottes. In einem Fachausschuss bin ich nicht dafür da, die Quote zu heben, sondern bringe meine Kompetenzen ein. In meiner Gemeinde fragen wir danach, was für Gaben Gott den Einzelnen verliehen hat – ob sie in unser traditionelles Rollenverhalten passen oder nicht. In unserer Ehe bin ich nicht einfach zuständig für Küche und Gefühle, genauso wenig wie mein Mann allein zuständig ist für Auto und Geld. In unserer Wohngemeinschaft kümmern sich die Frauen zum Beispiel um die Deko, typisch, aber auch das ist okay. Freiheit heißt, die Wahl zu haben, sich also weder von der Tradition zwingen zu lassen noch von einem Druck, immer alles anders machen zu müssen als die Tradition.

Ich bin ein Mensch. Ich darf meine Verantwortung für das Leben nicht abschieben auf andere. Ich darf und will die politischen Entscheidungen, die gesellschaftlichen Prozesse, die Medien, die Kirchen, die Schulen nicht den Männern allein überlassen. Frauen müssen sich die Mühe machen zu sagen, was sie brauchen, was sie denken – bis es gehört wird und so, dass es verstanden wird. Sie müssen mitreflektieren und -formulieren, wohin die Reise gehen soll. Sie müssen ihre Sicht der Dinge, die Bedürfnisse ihrer Kinder und ihrer Eltern, die Herausforderungen ihres Alltags mit einbringen in das Gespräch.

Ich bin ein Mensch. Und ich darf meine Hoffnung nicht auf die beschränken, denen es so geht wie mir. Ich will die ganze Welt sehen und Menschen ganz lieben, nicht aufgeteilt in Männer und Frauen. Genauso wenig wie aufgeteilt in Arm und Reich, Schwarz und Weiß, Ost und West.

Ein Mensch

du bist nicht nur eine Frau
du magst den Himmel blau
reduzier dich nicht auf Körperbau
du hast Gefühl und bist auch schlau
kennst dich aus mit EDV
und auch mit Modenschau
du magst Sex, mal zart, mal rau
fährst gern schnell und hasst den Stau
magst Schokolade und Kakao
du bist eine Frau, kein Mann
oft hast du Hosen an
ziehst andere in deinen Bann
sagst »ich glaube« und »ich kann«
und »ich hoffe« irgendwann
ist keiner mehr untertan
dem männlich/weiblichen Tyrann
leben nur noch Menschen
ganz human
selbst in Afghanistan

Nicht abfinden – weitersuchen

Ist die Frauenfrage beantwortet? Mein heimlicher Verdacht ist, dass vielen Frauen diese Frage einfach zu anstrengend ist. »Was denn noch?«, fragen viele und wenden sich dem privaten Glück zu.

In der Zeitschrift »Brigitte« hieß es im Vorspann zu einem Artikel über die amerikanische Serie Ally McBeal: »Diese Frau sagt Dinge wie: ›Ich will die Welt verändern, aber vorher möchte ich heiraten!‹ – und sie spricht endlich aus, was wir alle denken.«

Was in der »Brigitte« steht, sollte uns nicht einfach egal sein. Wir sollten aufmerksam sein für die Meinungsmache der Medien. Es ist nicht gleichgültig, was eine der beliebtesten und auflagenstärksten Frauenzeitschriften Deutschlands darüber schreibt, »was wir alle denken«.

Ally McBeal – mir kommen die Tränen, sowohl, wenn ich den »Brigitte«-Artikel lese, als auch, wenn ich die Serie gucke. »Aber vorher möchte ich heiraten« ist das eine, große Lebensthema. Ehrlich gesagt, ich nehme Ally nicht ab, dass sie wirklich die Welt verändern will, denn sie spricht nie davon! Sie spricht immer nur von einem Mann, den sie finden muss, und gerät ständig an den Falschen, und das ist das ganze Thema.

Ist die Frauenfrage beantwortet? Ally ist immerhin Anwältin in einer großen Kanzlei geworden. Sie zieht mit ihren Fällen vor Gericht, sie hat Witz, die Figur einer 16-Jährigen, jede Menge Komplexe, aber sie hat studiert, sie hat Witz und eine Freundin, sie setzt sich gegen Kolleginnen und Kollegen durch – und sie will doch nur heiraten. Was ist daran so schlimm?

Traurig ist, wenn Ally unser Vorbild wird und mit »Brigitte« bestimmt, was »alle Frauen« wollen. Traurig ist, wenn wir uns abfinden mit der Welt, wie sie ist. Wenn die Suche nach Romantik und Mister Perfect immer das erste und einzige Lebensthema ist. Wenn alle Energie dafür gebraucht wird und alles darauf zielt – jede Party, jeder neue Rock, jede Beziehung –, den Mann zu finden, der endlich schafft, was mir selber nicht gelingt: glücklich zu sein.

Ist die Frauenfrage beantwortet? Wir sind gerufen, für unsere und die kommende Generation weiter die besten Bedingungen zu schaffen, dass Gerechtigkeit, Freiheit und Würde Wirklichkeit werden. Das ist keine Aufgabe, die ein für alle Mal für uns erledigt wurde. Vor allem, wenn wir nicht nur über die Grenzen unserer eigenen kleinen Welt, sondern über die Grenzen unseres Landes hinaussehen und auf einmal merken, dass unsere Freiheit überhaupt nicht selbstverständlich, sondern die Ausnahme ist. Die weltweite Armut und Unfreiheit haben viele Gesichter. Immer mehr davon sind weiblich.

Barbie

spielen alle mit ihr
alle zwei Sekunden wird sie
irgendwo auf der Welt verkauft
und alle wollen aussehen wie sie
eine Figur haben wie sie
und Desirée fängt an zu hungern
und findet ihr Leben zum Kotzen
und sie will nur noch ausbrechen
die Puppe – ihr Brustumfang ist doppelt so groß
wie die superschlanke Taille
ihre Beine doppelt so lang wie ihr Oberkörper

spielen alle mit ihr
sie wurde über eine Milliarde Mal verkauft
ist tonangebende Puppe
Marktführerin in 140 Ländern
und alle wollen aussehen wie sie
blond und weiß mit rosigem Teint
und Daphne bleicht sich die Haare
und bleicht sich die Haut
enthaart sich die Beine
wäscht und kratzt bis sie wund wird

die Puppe – sie ist nur ganz selten schwarz
orientalisch oder asiatisch
und immer hat sie dieselben Proportionen
die weiße arische Super-Frau

spielen alle mit ihr
und wollen leben wie sie
sie bekommt jedes Jahr 120 neue Kleider
sie hat Pferde, eine Kutsche und ein großes Haus
sie ist Braut Stewardess Ärztin Sängerin
und Kim steht am Fließband
irgendwo in Korea
setzt sie aus Einzelteilen zusammen
ihr Lohn ein Bruchteil von dem, was die Puppe kostet
und hat keine Zeit mit Puppen zu spielen
die Puppe –
auf eigenen Füßen stehen kann sie ganz schlecht
Desirée ist jetzt schlank,
ihr Mann schlägt sie immer noch
Daphnes Haut ist jetzt heller
Rassismus gibt es immer noch
und Kim
arbeitet noch immer am Fließband
für einen Hungerlohn
und hat keine Zeit für dieses Spiel

Und noch etwas: Es ist noch kein Erfolg, wenn Frauen alles dürfen, was Männer dürfen. Das ist keine Vision, die irgendetwas Neues bringt! Wir müssen echte Alternativen entwickeln. Mit einem alten Spruch der Frauenbewegung gesprochen: »Wir wollen nicht einfach nur die Hälfte vom Kuchen abbekommen, sondern *ganz andere Kuchen* backen!«

 Ist die Frauenfrage für alle Zeiten beantwortet? Und wer hat diese Antworten gegeben? Wer hat am lautesten geschrien?

Zum Beispiel dürfen Frauen in Deutschland jetzt sogar Soldatinnen werden. Aber was ist gewonnen, wenn trotzdem (wie es zum Beispiel in den Militärberichten aus dem Golfkrieg heißt) für die Frauen in der Armee die größte Gefahr darin besteht, nicht vom Feind, sondern von den Männern der eigenen Truppen angegriffen zu werden – sexuell!?

Frauen dürfen Soldatinnen werden. Aber was ist gewonnen, wenn sich ganze Völker nicht mehr in die Augen sehen können und aus Panik, Betroffenheit, Rache, Willkür oder strategischen militärischen Überlegungen immer mehr Menschen – Männer, Frauen und Kinder – bei Anschlägen oder im Krieg getötet, in die Flucht geschlagen und in Angst und Schrecken versetzt werden?

Alles zu dürfen und alles tun zu müssen, was Männer tun, ist nicht genug. Es ist keine Vision, die irgendetwas Neues bringt. Wenn wir alles dürfen, was Männer tun, ist unsere Aufgabe noch lange nicht erledigt. Frauen sollen sich einbringen und diese Welt mitgestalten.

Was ist der Beitrag unserer Generation?

Als im Jahr 2001 meine Großmutter Hilde starb, war sie 99 Jahre alt und hatte ein ganzes Jahrhundert miterlebt: zwei Weltkriege, Trümmer und Wiederaufbau, Diktatur und Demokratie. Sie hatte auch die enormen Veränderungen im Leben von Frauen erfahren, am eigenen Leib und zusammen mit ihren Schwiegertöchtern und Enkelinnen: wachsende Gleichberechtigung, neues Selbstbewusstsein, ungewohnte Fragen und noch nie da gewesene Antworten.

Als nur ein paar Tage später auch meine zweite Großmutter starb, entstand eine große Lücke in meinem Leben und in dem meiner Schwestern. Die beiden beeindruckenden, gläubigen alten Frauen fehlten uns. Aber sie hinterließen uns etwas, sie vererbten uns eine wichtige Frage: »Mädchen«, fragten sie, »was ist euer Beitrag? Was wird man über eure Gene-

ration einmal sagen? Welchen Namen wird man euch geben? Welcher Segen wird von euch ausgehen? Wer schreibt die Lieder, die heute junge Mädchen singen? Was hat euch Jesus aufs Herz gelegt?«

Meine Großmütter waren engagierte Christinnen und teilten daher längst nicht immer die Ziele und Ansichten der Frauenbewegung. Gegen manches haben sie entschieden protestiert. Aber bei aller Kritik, Protest und Vorsicht gegenüber der säkularen Frauenbewegung waren sie starke, selbstbewusste Frauen und hatten Respekt vor jedem Menschen, der sich für Gerechtigkeit einsetzte. Sie haben uns Enkeltöchter sehr herausgefordert. »Du darfst dich nicht abfinden mit dem, was ist. Du darfst nicht nur profitieren von anderen, du musst auch investieren. Du darfst die Liebe Gottes nicht für dich behalten. Du kannst Gott bitten, dass er dir sagt, was zu tun ist, was dein Beitrag sein soll!«

Aber was ist denn der Beitrag unserer Generation? Was sollen wir heute tun? Was bewegt uns als Frauen am Anfang dieses Jahrhunderts und was können wir bewegen – als Mütter, Tanten und Lehrerinnen, Sie und ich als Konsumentin, Berufstätige, Ehrenamtliche, Chefin, Studentin? Als Christin? Was ist unser Problem und was ist unser Beitrag? Was ist uns so wichtig, dass wir es weitergeben wollen an die nächste Generation? Wer schreibt denn nun die Lieder, die heute junge Mädchen singen? Was können wir tun, dass wir ein Segen für andere werden?

Ich suche nach anderen Frauen, die diese Frage zusammen mit mir beantworten. Auf meiner Suche entdecke ich viel Konkurrenzkampf – und wenn Solidarität, dann die der kleinen Gruppen. In dieser individualistischen Zeit sind Frauen nur noch jeweils für sich anzutreffen: als Mütter, Berufstätige, Studentinnen unter sich, Kinderlose unter sich, Singles unter sich. Gibt es keine dringende Frage an unsere Generation, gibt es nur noch spezielle Mütterfragen, Karrierefragen, Ehefragen, Singlefragen? Das glaube ich nicht!

Ich suche Verschwesterung. Ich glaube, dass es diese besondere Gemeinschaft unter Frauen immer noch gibt. Wir Mädchen und jungen Frauen wissen, dass uns mit anderen Frauen etwas verbindet. Auch wenn sie ganz anders sind als wir, sie erleben doch ganz ähnliche Situationen wie ich. Wir kennen, was sie durchmachen, erleben, fühlen. Wir stecken in ihrer Haut.

Ich glaube, wir müssen uns den Frauen zuwenden. Lange genug haben wir versucht, die Männer zu verändern. Aber die Herausforderung besteht darin, den eigenen Beitrag zu leisten. Wir Frauen müssen das Unsere tun. Es ist noch nicht alles getan, nicht alles gesagt.

Dazu brauchen wir Verschwesterung. Eine neue Solidarität gegen die Vereinzelung der Interessen. Hand in Hand mit dem Individualismus geht die Politikverdrossenheit. Ein typisches Statement meiner Generation ist: »Das ist nicht mein Problem!« Wenn die andere ein Problem hat, ist das *ihr* Problem – als gehöre es ihr und nur ihr alleine. Als hätte ich mit anderen Menschen nichts zu tun, als könnte ich nichts tun und wollte es auch nicht einmal versuchen.

Meine beiden leiblichen Schwestern Dorothea und Katharina und ich haben das so erlebt: Eine Krise im Leben von einer von uns zeigte uns ganz unmittelbar, wie wir aufeinander angewiesen sind. Plötzlich bat eine die anderen beiden um Hilfe und brauchte uns dringend. Als wir merkten, dass wir das Leben nicht in der Hand haben, wandten wir uns an Gott und wieder einander zu. Wir wurden dankbar für die beiden anderen.

Früher hatten wir sagen können: »Das ist *dein* Problem, nicht *meins*.« Jetzt merkten wir, dass das nicht stimmt! Wenn eine von uns ein Problem hat, haben alle eins! Ihr Problem wurde zu *unserem* Problem.

Diese Sicht ist eine Grundentscheidung. Ich nenne sie »Sisterhood«, »Verschwesterung«, die aktive Form von Schwesterlichkeit. Ich will nicht nur Schwestern haben oder eine sein, ich will wie eine Schwester handeln!

Damit das möglich werden konnte, mussten wir einen Entschluss fassen, einen Entschluss gegen den Neid.

Entschluss gegen den Neid

Ich will nicht schlecht über dich reden
sondern das Gespräch suchen
immer und immer wieder
ich will gut über dich reden
und gut über mich selber
ich will mit dir sprechen
die wir beide neu sprechen lernen müssen
anderen weitererzählen
gute Geschichten und starke Gedanken
ich will mich nicht vergleichen
nie mehr und nie mehr wieder
und den Neid verjagen
so dass er sich
verkrümelt
dann werde ich ihn einfach
wegfegen

Jüngere fördern

Ich habe davon profitiert, dass andere in mich investierten. Ich bin dankbar für die Menschen, die andere fördern, unterstützen und herausfordern. Für die geduldigen und inspirierenden Lehrerinnen und Lehrer, die anderen Erkenntnisse erschließen, Maßstäbe vermitteln, Gaben entdecken, die Erfahrungen teilen und weitergeben, statt sie für sich zu behalten. Für die Mütter und Väter, die uns helfen, erwachsen und selbständig zu werden. Für die Leiterinnen und Leiter, die andere aufbauen und Entscheidungen nicht einsam ohne Gedanken an die nächste Generation treffen.

In der klassischen griechischen Sage ist Mentor der Lehrer von Odysseus' Sohn Telemachos. Mentor (in Gestalt von Athene) gibt dem jungen Prinzen auf seinen Reisen zahlreiche Ratschläge. In der Sage wird von einer langsamen Erziehung und einer vorsichtigen Leitung des jungen Königssohns erzählt. Telemachos lernt gehorsam und steht am Ende der Fahrt als selbstbewusster junger Mann da, der den Vater unterstützen kann. Mentor gilt als sein vorbildlicher Beschützer und Erzieher.

In der modernen Wirtschaft ist »Mentoring« eine Art »Begleitservice« erfahrener Managerinnen und Manager für den Firmen-Nachwuchs: Erfolgreiche Führungskräfte lassen die so genannten Mentees von ihren Erfahrungen profitieren, planen mit ihnen zusammen die nächsten Karriereschritte, geben Feedback, diskutieren Schwächen und Stärken, vermitteln Kontakte. Sie können und wollen den Mentees ihre Entscheidungen nicht abnehmen, stehen aber beratend zur Seite.

Wir alle sind Vorbilder, ob wir wollen oder nicht. Schlechte oder gute. Wie wäre es, wenn wir nicht nur unbewusst und zufällig Mentorinnen für die Mädchen und Frauen der nächsten Generation würden? Wenn wir uns dazu entschließen könnten, jüngere Frauen zu fördern?

Manchmal erlebe ich auch das krasse Gegenteil: Da gab es in einem großen Büro ständig Stress mit zwei Praktikantinnen. Es kam zu Missverständnissen, Absprachen wurden nicht klar getroffen, Termine nicht eingehalten. Bis eine von ihnen einen Verdacht äußerte und die Chefsekretärin damit konfrontierte, sie (die Chefsekretärin) behindere ihre Arbeit. Die Antwort der Sekretärin war: »Da mussten wir alle durch. Warum solltet ihr jungen Dinger es leichter haben als ich?«

Es wäre doch eigentlich wunderbar, wenn die »jungen Dinger« es leichter hätten, oder? Ja, es wäre einfach großartig, wenn die Generation nach uns nicht dieselben Kämpfe führen müsste wie wir. Es wäre toll für jedes Mädchen, für jede Frau, wenn …

Aber wie könnte es jetzt aussehen, wenn Mentoring, Begleitung, Unterstützung der nächsten Generation bewusst geschieht?

Zum Mentoring gehören zwei. Ein jüngerer Mentee, der dem älteren das Recht verleiht, ihm Ratschläge zu geben, und ein älterer Mentor oder eine Mentorin, der/die dieses Recht annimmt und seine/ihre Erfahrungen mitteilt. Ausgehen kann diese Beziehung von beiden Seiten: Eine Mentorin bekommt

eine jüngere Mitarbeiterin in den Blick, die ihr wegen ihrer Biographie, Begabung oder der Beziehung zu ihr besonders wichtig ist. Die Mentorin beobachtet, unterstützt, lädt ein und ermutigt. Sie teilt ihre Erfahrungen mit, gewährt einen Blick hinter die Kulissen, nimmt die Jüngere mit hinein in ihr Beziehungsnetzwerk, gibt Tipps für Fortbildungsangebote und Bücher, fördert sie, ermutigt zu Aufgaben, die sie von sich aus nicht übernehmen würde, hilft ihr bei der Vorbereitung und gibt ihr anschließend Feedback, spornt an und bestärkt.

Die Mentorin sagt: »Ich möchte dich gerne fördern. Ich sehe deine Gaben und möchte gerne helfen, sie zu entwickeln. Ich erzähle dir, wie ich gescheitert bin und wo ich Erfolg hatte. Ich bete für dich. Ich bringe dich mit anderen zusammen, die ähnliche Fragen verfolgen wie du.«

Oder umgekehrt: Eine jüngere Mitarbeiterin bekommt eine ältere in den Blick, die ihr wegen ihrer Biographie, Begabung oder der Beziehung zu ihr besonders wichtig ist. Sie beobachtet und fragt nach, sie will mehr wissen. Sie fragt bei Entscheidungen um Rat, teilt ihre Wünsche und ihre Ängste mit und formuliert, welche Art von Unterstützung sie am meisten braucht. Sie bittet um Begleitung einer Entscheidung, einer Lebensphase, einer Wegstrecke. Sie sagt: »Ich möchte von dir lernen. Ich brauche deine Erfahrung.«

Wer waren meine Mentorinnen? Ich denke an Ellinore, die Leiterin einer Jugendgruppe, die ich besuchte. Sie war so anders als meine Mutter und in meiner Pubertät eine wichtige Gesprächspartnerin für mich. Ich denke an meine acht Jahre ältere Freundin Sabine, die mir in allen wichtigen Lebensentscheidungen. (Welchen Beruf lerne ich? Will ich heiraten und wenn ja, wen? usw.) immer einen Schritt voraus war und mich von ihrem Wissen profitieren ließ.

Ich denke an Heidi, die so faszinierend predigte und so gut zuhören konnte. Eine Mentorin, die wirklich Anteil nahm und Anteil gab an Krisen, Tränen und Träumen und geduldig und herausfordernd Glaubens- und Lebensfragen mit mir diskutierte. Ich denke an Karin, die mir half, das Neinsagen zu lernen – dadurch, dass sie nicht müde wurde, immer wieder zu betonen, dass Gott zu mir und allen Menschen mit ihren Schwächen und Stärken aus lauter Liebe »Ja!« sagt.

Ich denke an Hildegard, die gerade ihre Erfahrungen als Frau im CVJM (Christlicher Verein Junger Menschen) mit anderen Frauen teilt, für Schwächere kämpft und ihnen Mut macht. Die die Erfahrungen ihrer eigenen Tochter und von Frauen meiner Generation, aber auch die von älteren Mitarbeiterinnen gleichermaßen im Blick hat. Die eine ganze Bandbreite an Trends und Bewegungen – feministische, kirchliche – wahrnimmt und zusammen mit anderen reflektiert, ohne dass diese immer in allem ihrer Meinung sein müssen.

Ich denke an Fritz. Seit ich ein Kind war, habe ich seine Afrika-Bücher verschlungen und ihm regelmäßig in kleinen bunten Briefchen geschrieben, dass ich mal nach Afrika will. Er war meine Autorität auf dem Gebiet. Und als es dann so weit war und ich tatsächlich nach Afrika reisen konnte, kam ich mit einem Kulturschock, Albträumen und quälenden Fragen nach Hause.

Auf dem Weg zum Erwachsenwerden hatte ich selber meine Erfahrungen gemacht, hatte selber gesehen und musste die Bilder jetzt selber verarbeiten. Aber ich konnte das nicht alleine. Ich brauchte die Autorität, einen Mentor, der mich beraten konnte. Fritz nahm mich ernst, ließ mich heulen und schimpfen, stimmte mit ein in meine ungeduldigen, zornigen Gebete, aber setzte dem auch etwas entgegen: Er verstand es, mit seinem riesigen Schatz von guten Geschichten meine Lebensfreude wieder zu wecken. Auf dem Weg zum Erwachsenwerden durfte ich von den Erfahrungen des Älteren profitieren und noch mal ein bisschen Kind sein: extreme Thesen aufstellen, einseitig sein, nachfragen, provozieren, mir etwas sagen lassen. Ich lernte: Ich brauche das Gespräch mit anderen, die älter sind als ich, mehr wissen, mehr gesehen haben und schon länger glauben als ich.

Ich brauche das Gespräch mit einer Autorität. Ich brauche die Erfahrung, ich weiß nicht schon alles selber, und das wird nie so sein. Ich darf abgucken und auch eine Weile unterschlüpfen bei jemandem, der mich unter seine Fittiche nimmt. Aber ernst genommen werden möchte ich dabei immer.

Erfahrungen können nicht diktiert werden, aber ihre Deutung vermittelt sich im Dialog, im Austausch, im gegenseitigen Zuhören und Mitteilen. Die Deutungsangebote anderer für mein Leben können eine Hilfe sein, aber kein Mentor und

keine Mentorin werden ihre Deutung überstülpen, und kein Mentee kommt darum herum, seine Erfahrungen am Ende selber zu deuten. Erwachsen zu werden bedeutet eben, zu wachsen, stehen und gehen zu lernen und über sich selbst hinauszuwachsen, auch über die Vorstellungen anderer von mir. So fördert Mentoring wohl die Fähigkeit, sich raten zu lassen und auch im guten Sinne gehorsam zu sein. Vor allem aber fördert es Selbständigkeit, Eigenverantwortung, Zielstrebigkeit und Konsequenz.

Die Bibel erzählt von Phöbe, einer jungen Frau, die genau das erlebt. Als sie einen Brief von Paulus nach Rom überbringt, kann sie sich auf ein Empfehlungsschreiben berufen (nachzulesen im Neuen Testament, dem 2. Teil der Bibel, im Römerbrief, 16. Kapitel). Phöbe wird der Gemeinde als Schwester vorgestellt, das heißt, dass Paulus sich für sie verbürgt: Sie gehört zur Familie. Darüber hinaus spricht Paulus von ihr als »diakonos« der Gemeinde in Kenchreä, sie hat also einen Dienst oder ein Amt in der Gemeinde übernommen.

Paulus bezeugt, dass Phöbe eine bewährte, wichtige Mitarbeiterin ist, die vielen geholfen hat, nicht zuletzt auch ihm persönlich, und er engagiert sich als Mentor für diese junge, unbekanntere Mitarbeiterin. Er ebnet ihr den Weg, indem er sich für sie verbürgt und für einen Vertrauensvorschuss sorgt. Phöbe ist nicht im Alleingang nach Rom unterwegs, sie wird gesandt, begleitet und deshalb an ihrem Ziel in der Gemeinde in Rom herzlich aufgenommen.

Mentoring kann eine Lebenseinstellung sein: Ich will nehmen und geben, ich will mit anderen teilen, ich will lernen und Erlerntes weitergeben, ich brauche den Dialog mit Autoritäten und will selbständig, verantwortlich und erwachsen werden. Ich will Menschen, die älter sind, in meine Entscheidungen einbeziehen und nie die nachfolgende Generation Jüngerer aus dem Blick verlieren. Mentoring ist mehr eine Entscheidung als eine Methode.

Ich schätze die Mentorinnen und Mentoren, die bei aller Öffnung Distanz wahren, ohne unnahbar zu sein. Die auch Blicke in die Abgründe der menschlichen Seele aushalten, ohne den Respekt vor dem Geheimnis zu verlieren, das jeder Mensch ist. Die sich offenbaren und anderen die Beichte abnehmen, aber die Grenze akzeptieren, die jeder Mensch mit seinem Anspruch auf Intimität zieht.

Pippi Langstrumpf oder
Weit weg von Villa Kunterbunt

Sie alle sehen eher aus wie Annika
rank und schlank
zierlich manierlich
schön anzusehen
umhegt gepflegt
in der Schule gute Noten
blonde Haare keine roten

Sie alle benehmen sich eher so wie Annika
richtig vorsichtig
niedlich fleißig
pünktlich ordentlich
normal egal
ihr Leben verläuft ganz gut
zu allem andern fehlt der Mut
Sie alle gucken eher so wie Annika
und wohnen so wie Annika
und leben so wie Annika
unscheinbar schüchtern
lieb gesund
sprechen nie mit vollem Mund
weit weg von Villa Kunterbunt

Sie alle sind eher wie Annika
Pippi Langstrumpf ist nicht da
ich wünschte mein Traum würde wahr
dass die Annikas stark werden
mutig schlau und frei
tanzen spielen reiten
Spaghetti mit der Schere schneiden
sich von andern unterscheiden
nach der eignen Mode kleiden
andern helfen was riskieren

sich nicht dauernd schüchtern zieren
und wegen der Manieren niemanden schockieren
nicht nur frisieren und lackieren
auch experimentieren
und köstlich amüsieren
was Besonderes aus dem Leben machen
viel sehen spielen und viel lachen

Ihr alle, die ihr eher seid wie Annika
ich wünschte
Pippi Langstrumpf zöge neben euch ein
und
ihr machtet euch die Welt
widde widde wie sie euch gefällt

2. Schwestern-Erbe

Ich bin Christin und bringe meine Tradition, die biblische, jüdisch-christliche in die Suche nach »Sisterhood« mit in die Diskussion ein. Ob es »Sisterhood« geben kann und wie Verschwesterung aussehen könnte, will ich mir auch von den alten Geschichten der Bibel sagen lassen. In meinem Leben hat sie eine Stimme, auf die ich hören will. Sie diktiert mir dabei nicht einfach ihren Text, sondern inspiriert, hinterfragt mit ihren Geschichten meine Lebensgeschichte und umgekehrt. So kommt es zum Dialog.

Nun ist meine eigene Tradition nicht gerade berühmt dafür, besonders frauenfreundlich zu sein. Die größte christliche Kirche lässt bis heute Frauen nicht zum Priesteramt zu. Damit schließt sie Frauen von den einflussreichen Positionen der Entscheidungsfindung und weitgehend von der Lehre aus.

Wir müssen manchmal graben, wenn wir nach den Frauengeschichten in der Bibel suchen, viele sind vergessen oder vergraben. Viele Frauen sind namenlos, viele auch sprachlos. Manchmal kann man den Eindruck bekommen, in der ganzen Bibel gäbe es neben einer Jungfrau ansonsten vor allem Prostituierte und Unfruchtbare – als ginge es immer nur um das eine.

Doch wenn wir uns in die Geschichten vertiefen, entdecken wir: Erstaunlich, wie offen hier über das Leben gesprochen wird, auch Themen wie Vergewaltigung, Missbrauch, Essstörungen, Betrug, Neid und Streit werden nicht schöngeredet oder etwa gar verschwiegen. Die Bibel erzählt vom Leben, wie es wirklich ist – aber darüber hinaus auch von Gottes Idee vom Leben.

Anerkennung

Gibt es eine Tradition für »Sisterhood«, für Verschwesterung und Schwesternliebe? Oder zeigt die Geschichte, dass am Ende doch immer der Neid und die Missgunst siegen? Die Bibel kennt Konkurrenz zweier Frauen um Liebe und Aufmerksamkeit, Neid der kinderlosen Frauen und Hochmut der Mütter, gekränkte Eitelkeit und verletzten Stolz. Sarah und Hagar, Hanna und Peninna und vielen anderen wird das Leben schwer gemacht in einer Welt, in der die Zahl der gesunden Söhne den Wert einer Frau bestimmt. Solidarität ist bei dem Leistungsdruck wohl fast undenkbar.

Aber die Bibel erzählt auch andere Geschichten, gute Beispiele von gegenseitiger Unterstützung und Anerkennung. Ein leuchtendes Vorbild von Verschwesterung sind die Freundschaften von Ruth und Naomi, von Elisabeth und Maria.

Ruth und Naomi

Die Bibel erzählt im ersten Teil, im Alten Testament, von Ruth und Naomi. Eine junge Ausländerin und eine kluge Witwe werden zusammen Teil von Gottes Geschichte. Diese alte Story liest sich wie eine Mischung aus »Tagesthemen« und Märchen, wie ein großes Theaterstück, mit der Erde als Bühne und einem Stückchen offenem Himmel darüber. Nichts, was zum wirklichen Leben dazugehört, fehlt: Flucht und Familie, Hunger und Freundschaft, Tod und Liebe, Einsamkeit und Vertrauen. Alles von »himmelhoch jauchzend« bis »zu Tode betrübt«, entgeistert und begeistert, Gottverlassenheit und großer Segen, kleiner und großer Kummer, echter Trost und Happy End.

Die Akteure haben bedeutungsvolle Namen. Da ist Elimelech, »Gott ist König«, der Mann von Naomi, der »Lieblichen«. Die beiden flüchten aus ihrer Heimat, weg von Bethlehem, dem Haus des Brotes, weil das Haus leer ist und der Hunger herrscht. Sie lernen, sich in Moab, dem Land der schlimmsten Feinde, zurechtzufinden. Aber die nächsten beiden Namen deuten schon an, wie es weitergeht: Ihre beiden Söhne Machlon und Kili-on – schwächlich und gebrechlich – sind keine Hoffnungsträger. Elimelech stirbt und danach auch die beiden Söhne. Übrig bleiben drei Frauen, drei Witwen. Kinderlos, verarmt und ohne Perspekti-ve. Sie haben nichts, nur sich. Da beschließt Naomi, Moab zu ver-lassen und nach Hause, nach Bethlehem zurückzugehen. Orpa, »die den Nacken zeigt«, schließt sich ihr nicht an. Ruth, die Freun-din, will ihre Schwiegermutter begleiten.

Oft wurden ihre schönen Worte: »Wo du hingehst, will auch ich hingehen, und dein Gott ist mein Gott!«, als Trauspruch gewählt. Ursprünglich ist es der Entschluss einer Freundin und Schwieger-tochter, ein Treueschwur zwischen zwei Frauen.

Aber auch an der Haltung der Naomi ist viel Bemerkenswertes. Sie sagt: »Geh deinen Weg, meine Tochter.« Das ist ein guter Satz für ein Kind. Nicht auszudenken, was diese Geschichte an Freiheit und Würde verloren hätte, wenn Naomi Ruth unter Druck gesetzt und bedrängt hätte, sie nicht im Stich zu lassen. Ruth ist ein Vorbild für freiwillige Treue, Naomi ein Vorbild fürs Loslassen, für Gelas-senheit. Wir müssen wohl immer wieder beides lernen.

Wenn ich diese alte Geschichte lese, wünsche ich mir, dass ich mich mitreißen lassen kann von Ruth – von ihrer Ausdauer und ihrem Vertrauen in die Ältere, die ein Zuhause kennt. Und ich wün-sche mir, dass ich mich an Naomi halte und an ihren Mut, die Jüngeren ihren eigenen Weg wählen zu lassen. Ich wünsche mir beides – engagierte Treue und gläubige Gelassenheit.

Und so gehen die beiden Frauen zusammen nach Bethlehem und kämpfen gemeinsam ums Überleben. Beide haben jeweils eine große Schwäche, die den Neuanfang im neuen Land erschwert: Naomi ist alt und schwach, Ruth ist als Ausländerin schutzbedürf-tig. Aber beide bringen ihre Stärken ein: Naomi ihr Wissen um die Gesetze ihres Volkes, Ruth ihre jugendliche Kraft. Naomi sorgt dafür, dass Ruth Arbeit findet. Und Ruth versorgt sich selbst und ihre alte Freundin.

Die Story geht weiter mit Liebe und Leidenschaft. Naomi plant die Verkupplung von Ruth und Boas – sorgfältig inszeniert sie die Begegnung, macht Ruth mit einem schönen Kleid und Parfüm zurecht. Am Ende wird Hochzeit gefeiert und ein

Kind geboren, Obed. Damit finden beide Frauen ihr Happy End: Ruth hat eine Familie, eine Heimat gefunden. Naomi hat ein Enkelkind.

Der Kreis schließt sich. Und öffnet sich nach vorn, der Zukunft entgegen: Obed, das Kind, wird der Großvater von König David. So erscheint die Ausländerin Ruth schließlich sogar im Stammbaum Jesu. Ruth und Naomi erleben, wie stark Frauen sind, die sich gegenseitig helfen.

Und Gott? Bei allen Tränen, trotz Müdigkeit und Zweifel, könnte man fast sagen, war Gott den beiden wie eine Freundin – und in der Treue ihrer Freundin sahen sie Gottes Liebe. Als sie sich verlassen und fast auch gottverlassen fühlten, da sahen sie noch einen Funken Hoffnung in den Augen der Freundin. Gott selbst war für sie wie eine mütterliche Freundin. Gottes mütterliche Liebe, die bedingungslos ist und großzügig, hat Ruth und Naomi und den vielen Müttern des Glaubens Heimat gegeben.

Elisabeth und Maria

Elisabeth ist eine alte Frau und nach langer Kinderlosigkeit endlich schwanger. Es war die vorrangige Aufgabe einer Frau, Kinder zu bekommen und ihrem Mann Nachkommen zu schenken. Unfruchtbare Frauen brachten ihrer Familie keine Ehre. Bevor sie nicht einen Sohn geboren hatte, war die Stellung einer Frau in der Familie niemals gesichert. So ist Elisabeths Schwangerschaft eine Gebetserhörung, ja ein Wunder. Zacharias, ihr Mann, hatte dem Druck der Gesellschaft standgehalten, seine Frau nicht verstoßen und sich keine jüngere gesucht, sondern hatte um eine Lösung des Problems seiner Ehe gebetet. Elisabeth wird die Mutter von Johannes dem Täufer, dem Wegbereiter des Messias Jesus.

Maria dagegen, eine Verwandte von Elisabeth, ist eine junge Frau, gerade erst verlobt. Ihre Schwangerschaft ist auch ein Wunder, aber geplant und gewünscht hat dieses Kind nicht Maria, sondern – so erzählt es die Bibel – Gott hat Maria ausgesucht, die Mutter von Jesus Christus zu werden. Die ungewollte Schwangerschaft stürzt die junge Maria in Erklärungsnot. (Erklären Sie mal jemandem die Jungfrauengeburt!) Eine

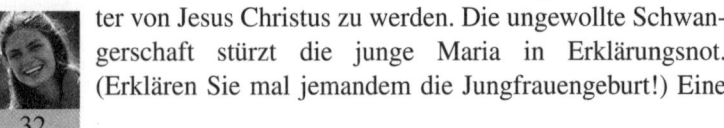

Verlobung hatte damals sehr offiziellen Charakter und Maria galt fast als verheiratet, wenn sie auch noch nicht mit ihrem zukünftigen Mann Josef zusammenlebte.

Als Elisabeth und Maria sich treffen, zeigt schon ihre Begrüßung ihre innige Verbundenheit und Zuneigung füreinander. Elisabeth grüßt, segnet und würdigt ihre junge Freundin. Durch den Segen wird ihre Begegnung zu einem Moment der Anerkennung, der Solidarität. Der Segensgruß ist nicht irgendein Spruch. Er schafft Vertrauen, Nähe, und er ist ein Glaubensbekenntnis: »Uns verbindet mehr als die Erfahrung von Schwäche und Hilflosigkeit. Auch mehr als nur die Kraft unserer Freundschaft, mehr als die Zärtlichkeit unserer Schwesternliebe. Uns verbindet Gott, den wir anbeten und lieben. Seine Macht verleiht uns Macht.«

Absichtlich nicht gegrüßt zu werden oder einen Gruß zu verweigern, empfinden wir als starke Ablehnung. Bewusst gegrüßt zu werden ist ein Segen. Menschen begegnen sich, sagen sich ein gutes Wort, sprechen einen Segen als Gruß. Das ist ein guter alter Brauch. Das Heilige bekommt einen Platz im Alltag, Gott tritt als Dritter in eine Beziehung.

Segnen heißt im Griechischen »eulogein«, im Lateinischen »benedicere«. Beides bedeutet wörtlich »Gutes sagen«. Gutes über jemanden sagen, gut über andere sprechen, jemanden loben. Maria spricht ihrer Freundin Elisabeth den Segen zu. Und Elisabeth segnet Maria. Beide sagen damit Gutes über die andere. Wie schnell reden wir schlecht über andere, und wie schwer fällt uns manchmal, gut über andere zu sprechen. Wie viele Worte machen wir, um uns über andere zu beschweren, und wie wenig Worte machen wir, die andere entlasten, unterstützen und erfreuen.

»Gepriesen sollst du sein, Maria, unter den Frauen«, sagt Elisabeth. Sie hätte ja nun auch ganz anders reagieren können: »Jetzt nimm dich mal nicht so wichtig! Du bist hier nicht die Einzige, die schwanger ist. Und immerhin bin ich die Ältere von uns beiden! Ich habe so lange auf mein Kind gewartet, jetzt verdiene ich auch Beachtung. Mein Sohn ist auch wichtig, nicht nur deiner. Er ist nicht der Messias, aber immerhin der Täufer!« Nein, Elisabeth reagiert ganz anders: Sie segnet, ermutigt, lobt, bestärkt die andere Frau.

Man kann sich selbst vielleicht ermutigen – selbst das gelingt nicht immer. Man kann sich selbst etwas schenken – und das ist doch nicht das Gleiche, wie etwas geschenkt zu bekommen. Man kann sich selbst auf die Schulter klopfen – segnen kann man sich nicht selbst. Es gibt Worte, die wir uns nicht selbst sagen können.

»Sisterhood«, Verschwesterung, wird konkret, wo wir einander segnen. Wir vertrauen uns dem Schutz und der Kraft Gottes an. Beim Abschied, vor wichtigen Entscheidungen, an Geburtstagen. Wir treffen eine Entscheidung: »Ich will gut über dich reden und gut über mich selber. Ich will mich nicht vergleichen, sondern danken. Ich will dir vertrauen. Ich will dich segnen und ein Segen für dich sein.«

Meine beiden Schwestern

Wir sind kurz hintereinander geboren, meine beiden leiblichen Schwestern Dorothea und Katharina und ich. Gut miteinander aufgewachsen und immer mehr zusammengerückt, sind wir Schwestern im Glauben, im Herzen, einander vertraut, lieb und teuer.

Jede steile Theorie, jeder hohe, edle Anspruch scheitert ja am schnellsten an den Menschen, die einen wirklich gut kennen. Stellen Sie sich vor, eine verheiratete Frau hält einen Vortrag darüber, wie ihre Ehe gelingt. Ihre Zuhörerinnen, die sie nicht kennen, können sich entscheiden, ob sie glaubwürdig klingt. Ihr Mann weiß, ob das, was sie behauptet, wahr ist. Sobald er im Raum sitzt und mithört, egal, ob kritisch oder wohlwollend, wird seine Frau sensibler dafür, inwieweit sich ihre Thesen in der Praxis ihres eigenen Lebens bewahrheiten.

So geht es mir in Bezug auf »Sisterhood« mit meinen beiden Schwestern. Schon allein die Vorstellung, dass sie lesen oder hören, was ich behaupte, lässt mich weniger vollmundig, vorsichtiger, realistischer schreiben. Gleichzeitig beflügelt mich diese Vorstellung, aber auch, von unseren Erfahrungen und Hoffnungen zu erzählen. Vieles, fast alles, was ich über »Sisterhood« denke, wurde von uns dreien – meist unfreiwillig – in der Praxis erprobt und geerdet. Manches wurde in der Wirklichkeit dringlicher, manches unwichtiger, vieles noch schöner als erdacht.

Es bleiben Wünsche und Hoffnungen für die Zukunft, Erwartungen, die sich noch nicht erfüllt haben, und Ansprüche, die jetzt noch nicht mit unserem Leben abgedeckt, erledigt, eingelöst werden – aber daneben gibt es jede Menge Schwesterlichkeit, die einfach reif ist und so gelebt werden kann.

Dorothea

Wenn ich an meine Schwester Dorothea denke, fällt mir immer eine alte Heiligenlegende ein. Einmal, weil die Hauptperson darin auch Dorothea heißt. Zum anderen, weil Heilige in der Kunst oft mit einem Heiligenschein dargestellt wurden – eine Vorstellung, die mir eher fremd ist, die sich aber damit erklären lässt, dass »Heilige« Menschen waren, die in besonderer Weise Gottes Heiligkeit, Liebe, Wärme, Licht ausstrahlten und in diese Welt brachten.

Für mich ist Dorothea eine Frau, die strahlt. Ob sie Klavier spielt und mit anderen zusammen singt, von den Kindern in ihrer Schulklasse erzählt oder Gäste bewirtet. Dorothea spricht dann nicht von Stress, sondern von Hingabe.

Aber vor allem denke ich an diese alte Legende, weil sie sowohl von Verletzbarkeit und Schmerz erzählt als auch vom Wunder des Neuanfangs, der Gottesliebe und der inneren Freiheit einer Christin.

Dorothea war eine der drei Töchter einer römischen Senatorenfamilie, die während der Christenverfolgung unter Kaiser Diokletian aus Rom fliehen musste. Dorothea und ihre beiden Schwestern glaubten an Christus und weigerten sich, den Kaiser anzubeten. Als ein angesehener Richter, Fabricius, sich in die junge Dorothea verliebte und sie heiraten wollte, lehnte sie entschieden ab und sagte: »Ich bin nur mit Christus verbunden und werde niemals irgendeinem anderen Herrn gehören!«

35

Das war ihr Todesurteil. Dorothea wurde zunächst ins Gefängnis gesperrt und gefoltert, aber sie blieb bei ihrer Überzeugung. Ihre Schwestern wurden verbrannt, und Dorothea weigerte sich weiterhin, Fabricius zu heiraten.

Am Anfang des Winters wurde beschlossen, nun kurzen Prozess zu machen und sie endlich zu töten. Sie sollte enthauptet werden. Als sie von ihrem Todesurteil erfuhr, gab sie zu Protokoll: »Nach meinem Tod werde ich meinem geliebten Herrn nahe sein und mich in seinem Garten in Ewigkeit an Rosen und Äpfeln erfreuen!« Der Rechtsschreiber Theophilus notierte ihren Kommentar und gab höhnisch zurück: »Wenn du zu deinem Herrn in den Garten kommst, dann schicke mir doch von den schönen Rosen und süßen Äpfeln welche zu!«

Ein paar Tage später wurde Dorothea zum Richtplatz geführt. Auf dem Weg dahin betete sie. Plötzlich stand ein Kind in einem sternbestickten Kleid neben ihr, das einen Korb voller Rosen und Äpfel in der Hand hielt. Dorothea freute sich über diese wunderbare Begegnung in winterlicher Zeit und gab dem Kind den Auftrag, zu Theophilus zu gehen und ihm die Rosen und Äpfel als Geschenk zu bringen. Sie selbst wurde kurz danach enthauptet.

Aber das Kind tat, was Dorothea gesagt hatte. Als Theophilus das Geschenk in Empfang nahm, beschloss er, sich dem Glauben von Dorothea anzuschließen, und wurde Christ.

Mit meiner Schwester Dorothea habe ich die schlimmsten Krisen und die größten Wunder erlebt. »Wunder« sind zum Staunen, aber sie sind sozusagen auch die Steigerung von »wund«. Dorothea hat in ihrem Leben erfahren, dass gerade da, wo die schlimmste Wunde und die tiefste Enttäuschung war, das größte Wunder geschehen kann, außergewöhnliche Erneuerung. Wir beiden anderen Schwestern durften es staunend miterleben.

Die großen Themen – Liebe, Ehe, Kinderwunsch – können Frauen auseinander bringen, wenn es triumphierend heißt: »Jawohl, wir heiraten.« Oder: »Ich hab es geschafft – ich bin schwanger!« Aber sie können Frauen auch zueinander bewegen. So haben wir es erlebt und erleben es gerade zurzeit wieder sehr intensiv.

Als Dorotheas erste Ehe nur ganz wenige Wochen nach der Hochzeit beendet wurde, ihr Mann mit seiner neuen

Freundin zusammenzog, suchte sie die Nähe ihrer Schwestern. Ganz instinktiv. Es folgte eine Zeit, in der wir alle zwar hilflos, traurig, enttäuscht waren, aber deshalb auch sehr eng zusammen- rückten. Es flossen viele Tränen und es wurde viel geschimpft!

Für uns drei war das eine tief greifende Erfahrung. Wir muss- ten vielleicht zum ersten Mal lernen, was es bedeutet, wenn man einander wirklich braucht und aufeinander angewiesen ist. Der Gedanke, dass ihre Ehe mit Scheidung endete, war Dorothea so fremd, irritierte sie vollkommen und zog ihr manches Mal den Boden unter den Füßen weg. Oft hatte ich Angst um sie, weil ihr Schmerz so tief saß. Ich erinnere mich daran, wie sie eines Abends aus einer Telefonzelle vom Bahnhof aus anrief, in den Hörer wein- te und fragte, ob ich sie abholen könne. Das Geräusch der Züge im Hintergrund versetzte mich in Panik.

Das Ganze liegt jetzt schon einige Jahre zurück. Was war das Besondere? Was habe ich gelernt? Dorothea konnte weinen, heu- len, jammern über ihre Ehekatastrophe, aber sich trotzdem über meine Ehe und Katharinas Hochzeitspläne freuen. Sie verlangte nie, dass wir jetzt alle drei enttäuscht von den Männern sein müss- ten. Sie glaubte uns unser Glück! Sie hielt uns nicht für Träumerin- nen oder sogar für Lügnerinnen. Trotz ihrer eigenen Erfahrung hielt sie es für möglich, Glück zu finden. Sie glaubte weiter, dass eine Beziehung, eine Ehe gelingen kann. Und sie hoffte, dass sie selber eine zweite Chance bekommen würde, das zu beweisen.

Sie suchte Solidarität, bat um unsere Hilfe, brauchte echte Anteilnahme. Gleichzeitig nahm sie selbst Anteil an unserem Leben mit seinen Höhen und Tiefen. Sie nahm sich ernst, aber machte ihre Erfahrung nicht zum Maß aller Dinge. Sie sprach sehr offen von der Enttäuschung über ihren Mann, aber ließ sich nie hin- reißen, die Männer alle über einen Kamm zu scheren.

Sie konnte schimpfen und schreien, aber sie erwartete nicht – weder ausgesprochen noch stillschweigend, wie ich das bei anderen Freundinnen schon erlebt hatte –, dass wir nun unsererseits nicht mehr über unsere Liebe sprechen oder unser Verliebtsein nicht mehr genießen dürften. Sie gönnte uns unser Glück von ganzem Herzen! Ich erinnere mich gut, wie sie kurz nach ihrer Scheidung bei mir anrief und mir zum Hochzeitstag gratulierte, so herzlich. Und ich dachte nur, wie schwer ihr das fallen müsse. Da meinte sie: »Hey! Ich bin froh über jede Ehe, die hält! So sollte es sein, so ist es gedacht. So wünsche ich es mir und dir und jeder von uns! Wir sollten uns freuen, wenn es gelingt. Und uns helfen, damit es gelingt. Und wenn es nicht gelingt, dann sollen wir hoffen.« Typisch Dorothea. Sie hat schon so oft für mich mitgehofft!

Meine Schwestern und ich haben irgendwann gemerkt, dass es der Neid ist, der echte Nähe zueinander verhindert. Wir freuten uns, dass wir zwischen verschiedenen Möglichkeiten wählen können, unser Leben zu gestalten. Aber dann kam immer der Neid dazwischen. Ist meine Wahl wirklich die beste? Das Leben der anderen erscheint so viel attraktiver, ihre Möglichkeiten so begehrenswert, ihre Gaben reizvoller.

Das ewige Vergleichen mit anderen macht undankbar, denn dann sehe ich nicht mehr, was ich habe, sondern nur noch, was ich lieber hätte, und am Ende nur noch, was mir fehlt.

Manchmal konnte ich meinen Schwestern nicht mehr offen in die Augen gucken, sondern nur noch schielen. Manchmal konnten sie mir nicht in die Augen gucken, und ich merkte, wie ich reduziert wurde auf das, was mich glücklich machte. Meine Unsicherheit und Schwächen wurden ausgeblendet. Wir konnten auf alles neidisch sein: auf die Figur der anderen, ihre Nase, ihre Augen, auf ihren Job, auf ihr gutes Verhältnis zu unserem Vater, auf ihren verständnisvollen Mann, ihre große Wohnung, auf ihre Unabhängigkeit, auf ihre Gaben, ihre Möglichkeiten. In diesen Zeiten gab es keine Solidarität. Neid macht einsam. Er führt dazu, dass wir uns ständig um uns selber drehen in der Sorge, zu kurz zu kommen.

Dorothea hatte schon viel früher etwas geübt, was ihr in der Krise Kraft gab. Dorothea hatte die Angewohnheit, kleine Zettel in der ganzen Wohnung zu verteilen. Neben dem Spiegel im Bad zum Beispiel hing ein Vers aus einem alten Kirchenlied: »Ohne dich, wo käme Kraft und Mut mir her? Ohne dich, wer nähme meine Bürde, wer?« (aus: »Stern, auf den ich schaue«).

Wo war Gott in ihrer Krise? Immer an ihrer Seite, immer im Blick, immer ihr Gegenüber. Sie konnte beim Beten zetern, und wie! Aber sie hörte nie auf, sich an Gott zu wenden. Wie wir in Krisen und unter Druck reagieren, entscheidet sich lange vorher. In guten Zeiten üben wir die Haltung für die schlechten Zeiten ein. Dorothea hatte für sich schon früh beschlossen, Gott zu vertrauen. Er war immer derjenige, der allem den Glanz verlieh. So konnte sie diese dunkle, schwierige Zeit in einem größeren Zusammenhang sehen und sich darauf verlassen, dass Gott treu an ihrer Seite war. Sie hat nie aufgehört zu glauben, zu hoffen und zu lieben. Ihre Kraft, ihre Gelassenheit kam aus ihrem Vertrauen zu Gott: »Gott glaubt an mich, ewig und unermüdlich, er liebt mich ohne Ende«, konnte sie beten

Dorothea verdanke ich ein ganz grundlegendes Kennzeichen von »Sisterhood«: Denn sie wurde nicht bitter, neidisch, nachtragend oder misstrauisch, sie blieb dankbar, offen für neues Glück, großzügig anderen Erfahrungen gegenüber, liebevoll uns Schwestern zugewandt. Sie hat mir immer wieder gezeigt, dass Verschwesterung bedeutet, der anderen ihr Glück zu glauben und zu gönnen – sollte sie auch noch so anders sein als ich.

Wenn ich Dorothea heute sehe, ob zusammen mit ihrem Mann oder ohne ihn, denke ich jedes Mal: Wunder ist auch die Steigerung von wund. Wunder geschehen; und manchmal leuchtet da, wo die größte Wunde klaffte, das größte Glück auf.

Licht-Schwester
(für Dorothea)

du leuchtest
du strahlst
du wärmst
ich könnte fast
an Heiligenscheine glauben
wer weiß, wie die zustande kommen?
und ich will fragen
was hast du erlebt
dass du so Licht bist?
wer verleiht dir den Glanz?
du berührst mich
sprichst mich an

du bist die Botin
und ich ahne den Engel in dir
du gibst und du nimmst immer hundertprozentig
und ich vertraue dir
und mich wieder der Liebe an
du siehst das Unmögliche
wahr werden
und legst mir Flügel an
dass ich über den Berg komme
du glaubst an Wunder
dein Herz schlägt tapfer für viele mit
und du leuchtest und du strahlst und du wärmst
dass ich anfange
an Heiligenscheine zu glauben

Katharina

Katharina ist die jüngste von uns dreien. Seit drei Jahren leben
wir beide gemeinsam mit unseren Ehemännern und einem anderen Freund in einer christlichen Hausgemeinschaft und engagieren uns zusammen in einer Gemeinde. Vieles von dem, was an
praktischer Sisterhood-Arbeit entstanden ist, prägt und trägt sie
mit. Katharina ist Psychologin und analysiert alles und jede(n)
bis in die Spitzen, sie ist nebenbei Kabarettistin und bringt mich
zum Lachen und Kichern, sie engagiert sich für obdachlose Kinder und missbrauchte Jungen und erinnert immer wieder daran,
dass wir niemals männerfeindlich, sondern frauenfreundlich sein
wollen.

Neben den vielen kleinen Lernerfahrungen in unserem gemein-
samen Alltag verdanke ich ihr auch eine sehr grundlegende Sister-
hood-Einsicht.

Es ist die simple, aber weit reichende Einsicht, dass Frauen
immer unterschiedlich sind, selbst dann, wenn sie, so wie Katharina und ich, dieselben Eltern haben, im selben Ort aufwuch-
sen, dort in dieselbe Kirche gingen und in der Schule fast
dieselben Lehrer hatten.

Wenn wir heute zusammensitzen und von »früher« erzählen, denken wir manchmal, dass wir auf zwei verschiedenen Planeten groß geworden sind. Ich bin zum Beispiel mit einer Jungenclique aufgewachsen. Diese Jungen hatten fast alle – wie ich ja auch – eine kleine Schwester, und Katharina wuchs demnach mit einer Mädchengruppe auf. Als einziges Mädchen aus meiner Klasse ging ich nach der vierten Klasse auf die weiterführende Schule in der nächsten Stadt, mit mir zusammen eine ganze Jungenclique. Das Mega-Gefühl dieser Zeit hieß für mich: »Ich gehöre nicht dazu, ich bin anders, die Welt ist mir fremd.« Und: »Ich brauche dringend eine Freundin. Ich suche eine, die so ist wie ich!!!«

Katharina kam vier Jahre später auf dieselbe Schule, zusammen mit einer Menge Freundinnen. Sie beschreibt ihr Lebensgefühl so: »Ich kenne mich aus, gemeinsam sind wir stark.« Dieses unterschiedliche Beziehungsumfeld hat uns auf alle Fälle sehr geprägt.

Reden wir beiden über unseren Glauben an Gott, erwähne ich zuallererst meinen Vater, Pfarrer, Bücherfreak, Geschichtenerzähler. Lange hatte ich den Eindruck, alles, was ich von Gott weiß, allein von meinem Vater zu wissen. Und irgendwie waren die beiden (der Vater im Himmel und mein irdischer Vater) sich lange Zeit sehr ähnlich …

Wenn Katharina ihre Geschichte mit Gott erzählt, spricht sie zuallererst von ihrer Mädchengruppe im CVJM, in der sich wöchentlich dreißig Mädchen trafen und in der ich als Mitarbeiterin engagiert war. Ich weiß noch gut, wie ich zum Beispiel mit Tipp-Ex an ein Lied ging und aus jedem »son« (Sohn) ein »child« (Kind) machte, damit die Mädchen sich besser mit dem Inhalt identifizieren konnten.

Ich machte früh die Erfahrung, kämpfen zu müssen, auch kämpfen zu können – für meine Ansichten und meine Interessen und für die Interessen von Schwächeren. Katharina sagt immer: »Ich habe früh erfahren, dass andere für mich kämpfen!« – und lacht dabei unbekümmert.

Einmal wurden wir beide gefragt, was der Feminismus uns bedeute. Meine Antwort lautete etwa so: »Feminismus ist für mich in erster Linie eine Methode, um Macht-

strukturen zu erkennen und zu beschreiben. Den Feminismus zu entdecken und die Theorien über Geschlechter-Differenzierung und Sexismus kennen zu lernen, hatte in mancher Hinsicht etwas sehr Befreiendes für mich. Ähnlich wie ich, während ich in Südafrika lebte, an der Auseinandersetzung über Rassismus teilhatte. Insgesamt halte ich solche Art von Theorien zwar für nützlich, aber letztendlich für viel zu begrenzt, um Trennung zu überwinden.« Katharina antwortete schlicht und ergreifend: »Feminismus? Ist für mich eine Selbstverständlichkeit.« – »Wie kannst du so etwas sagen?«, habe ich überrascht zurückgefragt. Und sie grinste: »Deinetwegen. Ältere Schwestern kämpfen für jüngere. So einfach ist das für mich!«

Heute leben wir zusammen »Sisterhood«, Verschwesterung, denn wir sind vertraute Freundinnen und leben als Schwestern eng zusammen. Kaum eine andere unterstützt mich so engagiert, wohlwollend und bedingungslos in meiner Suche nach Schwesterlichkeit wie Katharina. Aber auch hier: »Sisterhood« ist für mich etwas, das initiiert werden muss. Und für Katharina? Sie sagt lachend: »Sisterhood macht das Leben leichter – für mich schon seit langem!«

wie Schwestern
(für Katharina)

Ihr seht gar nicht aus
wie Schwestern
sagt man uns oft
Doch die Nase vielleicht
aber die Haare? Die Augen? Der Mund?
Ihr seht gar nicht aus
wie Schwestern
 hören wir oft.
Doch das Lachen vielleicht
aber die Größe? Die Haltung? Der Gang?

Ihr seht gar nicht aus
wie Schwestern,
aber
ihr benehmt euch so

Uns doch egal, ob wir so aussehen!
Deine rote Haut meine blasse
und welche Haarfarbe war noch die echte?
Darf ich heute deinen Pulli anziehen
du meine Schuhe?
Weinst du mit mir
lachen wir zusammen
lehr mich zu tanzen
Hauptsache wir benehmen uns so

Mit Respekt und Verbundenheit

Zu einer Sisterhood-Veranstaltung sollte jede Frau ein Symbol
für ihr Frausein mitbringen. Da kamen unterschiedlichste Dinge
zusammen: Seidenstrümpfe, eine Babydecke, Briefpapier, ein Pup-
penwagen, rote Rosen, Bücher. So stellte sich jede einzelne Frau
vor, und wir merkten fasziniert, wie vielseitig das Frausein empfunden und gestaltet wird. So verschieden die Symbole waren –
verstehen konnten wir sie alle. Dann sollte sich jede Frau zu dem
Symbol ihrer Nachbarin äußern und erklären, ob es für sie mit einer
guten oder einer unangenehmen Erfahrung verbunden war.

Jetzt erst merkten wir, wie unterschiedlich wir tatsächlich waren.
Die eine hatte zum Beispiel einen roten Spitzen-BH mitgebracht,
für sie ein Symbol für Leidenschaft und Schönheit, durchweg positiv. Für die Frau neben ihr aber war es ein Symbol für Erniedrigung, sie beneidete die andere um ihren schönen, großen
Busen. Für noch eine andere wiederum war es ein Symbol
für Belästigung, sie erlebte an ihrem Arbeitsplatz, dass

Kollegen sie anguckten und anfassten. Mit jedem Symbol wurde uns vor Augen geführt, dass wir uns gleichen und uns unterscheiden.

Wir Frauen sind unterschiedlich – und wir haben viel gemeinsam. Wenn ich mit Frauen(gruppen) zusammen bin, habe ich beides gleichermaßen im Hinterkopf. Dann gucke ich mich gerne um, sehe in die verschiedenen Gesichter und denke: Gemeinsam haben wir die guten wie die schlechten Erfahrungen von Frauen in dieser Welt gemacht. Das macht uns vorsichtig und respektvoll. Unsere eigene Biographie, unsere persönlichen Deutungen unseres Frauseins und was wir selbstverständlich finden, sind nicht die Norm.

Meine Sehnsucht für meine Generation ist Solidarität, Gemeinschaft, Verbundenheit. Ich werbe darum, der anderen ihr Glück zu glauben. Ich werbe um Aufmerksamkeit, die mit der Verletztheit der anderen rechnet. Ich suche Schwestern.

Wir sind Frauen, die glücklich sind, und Frauen, die unglücklich sind. Die als Single oder als Ehefrau oder als Mutter glücklich oder unglücklich sind. Frauen, die einsam sind. Oder in einem gesunden Netzwerk von Beziehungen leben. Frauen, die sich eine Freundin wünschen, die noch nie eine hatten oder eine verloren haben, Frauen auch, die selber keine gute Freundin sind und das erst wieder lernen müssen. Wir sind Frauen, die unter kaputten Beziehungen leiden, unter der eigenen Scheidung oder der der Eltern. Die aus funktionierenden und heilsamen Familien kommen. Frauen, die Gewalt erleben oder erlebt haben, die sexuelle Gewalt erlitten haben, am eigenen Leib oder weil sie mit Opfern arbeiten. Frauen, die gelernt haben, sich zu wehren. Frauen, die kämpfen können. Frauen, die behütet sind. Vergewaltigte Frauen oder Frauen, die auf irgendeine Weise Sexualität als erniedrigend oder verletzend erleben. Opfer und aber auch Täterinnen, denn wir sind keine besseren Menschen.

Wir sind Frauen, die ihren Beruf lieben. Frauen, die unglücklich sind in ihren Jobs, weil die Arbeit zu viel ist oder zu wenig, die falsche oder weil es am Arbeitsplatz Konflikte gibt. Oder die ihren 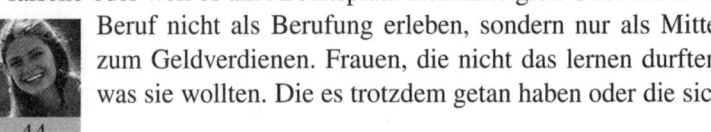Beruf nicht als Berufung erleben, sondern nur als Mittel zum Geldverdienen. Frauen, die nicht das lernen durften, was sie wollten. Die es trotzdem getan haben oder die sich gefügt haben. Frauen, die Angst um ihr Auskommen haben, die wenig oder nicht genug Geld haben. Die Armut und Hunger erlebt haben, bei sich oder anderen. Frauen, die dankbar sind für ihren Reichtum. Frauen, denen immer noch etwas fehlt.

Wir sind Frauen, die Diäten hinter sich haben, unter ihrem Äußeren leiden, untergewichtige und übergewichtige. Frauen, die sich schön finden. Oder krank sind, körperlich oder seelisch. Passive Frauen und aktive. Frauen, denen das Leben schwer fällt. Frauen, die es genießen. Zusammen vertreten wir den ganzen Schmerz und das ganze Glück der Frauen, beides ist Wirklichkeit.

Manchmal verstehen wir die andere nicht sofort, weil wir ganz unterschiedliche Erfahrungen gemacht haben, bessere oder schlechtere, aber wir sind Schwestern: Auch wenn eine Frau ganz anders ist als ich, erlebt sie doch ganz ähnliche Situationen wie ich. Wir kennen, was die anderen erleben, wir stecken in ihrer Haut:

Wir sind alle Töchter. Einige sind Einzelkinder oder haben Brüder oder Schwestern. Oder beides. Oder sie hatten etwas davon und haben es schon verloren. Einige sind ältere oder älteste Töchter, andere mittlere, andere jüngere oder jüngste. Manche finden ihre Väter wunderbar, manche nicht, und so geht es auch mit den Müttern. Wir sind Töchter.

Ich bin Christin. Und ich glaube, dass wir Töchter Gottes sind. Dass Gott uns Frauen lieb hat und würdigt. Das bedeutet mir sehr viel. Aber auch da gibt es sehr unterschiedliche Erfahrungen. Unsere Antworten sind verschieden, Fragen haben wir alle: Fragen nach dem Sinn unseres Lebens, nach dem Trost in Sterben und Tod, nach Gerechtigkeit, nach Versöhnung.

Wir sind Menschen. Ich glaube, dass wir geschaffen wurden, um in Beziehung zu leben. Die Bibel sagt, dass wir lieben sollen – Gott, uns selber und die anderen. Wir erleben diese Beziehungen in manchen Zeiten als nicht liebevoll: Die Beziehung zu uns selbst kann zerstörerisch sein, die Beziehung zu Gott dunkel, die Beziehung zu anderen enttäuschend. Aber Gott sagt uns nicht einfach so, dass wir lieben sollen. Er liebt uns, und deshalb traut er uns die Liebe zu: Er vertraut uns, dass wir lieben können. Er kümmert sich um uns und darum, dass wir lieben.

Deshalb will ich der anderen ihr Glück gönnen. Ich will

45

sie unterstützen, jede Gottesgabe soll in uns zum Blühen kommen. Ich will mich freuen, wenn die andere Erfolg hat, und helfen, wenn sie keinen hat. Jede soll geradestehen können für das, was sie ist, tut und braucht! Wir wollen nicht schlecht übereinander reden. Lästern ist von gestern. Wir wollen uns loben und ermutigen. Wir wollen in der anderen keine Konkurrentin sehen, sondern unsere Nächste, die Liebe braucht wie wir.

Wie du über Frauen im Allgemeinen denkst, sagt viel darüber aus, wie du über dich selbst denkst. Andere Frauen anzunehmen, ja mehr noch, sie lieb zu gewinnen, sie zu unterstützen, sie als begabt, liebenswert, interessant und schön zu betrachten, beeinflusst dein Selbstbild, fördert den Respekt vor deiner eigenen Person. Du bist ja eine von ihnen – eine von denen, über die du schlecht denkst und redest, oder eben eine von denen, über die du gut denkst und redest.

Vor einem Sisterhood-Wochenende sagte eine junge Frau: »Drei Tage nur mit Frauen – ist das nicht furchtbar langweilig?« Was sagte sie damit über sich selbst, wenn nicht, dass sie selber langweilig ist; dass sie auf keinen Fall Themen für ein ganzes Wochenende bieten kann; dass sie erst zusammen mit einem Mann interessant ist; dass sie belanglos ist und die anderen anöden wird …

Aber es kam dann ganz anders: Es wurde ein außerordentlich interessantes Wochenende. Ein Wochenende, an dem wir alle zusammen einen Entschluss gegen den Neid fassten. Damit gaben wir uns gegenseitig das Versprechen, nicht mehr schlecht übereinander zu reden! Und ganz eng damit verbunden, versicherten wir uns gleichzeitig, nicht mehr schlecht über uns selbst zu reden!

Es erfordert eine Portion Demut, sich mit anderen Frauen zu identifizieren. Im Verhältnis zu einem Mann bleibst du als Frau immer »anders«, die andere. So schmerzhaft und wirklich schlimm diese Distanz sein kann, macht sie dich doch auch besonders, geheimnisvoll, speziell.

Im Verhältnis zu einer Frau bist du »gleich«, die Gleiche. Einem Mann kannst du immer leichter entgegnen, dass bestimmte Regeln für dich nicht gelten. Eine Frau dagegen kennt die Regeln selber. Sich nicht als eine unter Gleichen zu sehen, sondern lieber als Ausnahme zu betrachten, kann sehr stolz machen.

Meine Freundin Katrin zum Beispiel ist eine Frau, die sich im Allgemeinen »besser mit Männern als mit Frauen« versteht. Als erfolgreiche Bankerin hat sie einige sehr schlechte Erfahrungen mit ihren wenigen Kolleginnen gemacht und viele gute Erfahrungen mit ihren Kollegen. Was in ihr vorging, als sie an einer Sisterhood-Veranstaltung teilnahm, beschrieb sie etwa ein Jahr später so: »Nur Frauen. Mein Charme konnte mich nicht mehr retten. Ich konnte nicht ablenken. Sonst ging ich mit Grazie über meine Fehler und Schwächen hinweg und man ließ es mir durchgehen. Aber hier konnte ich niemandem etwas vormachen. Meine Methoden wurden durchschaut. Ich komme gut mit Männern aus, und sie wiederum signalisieren mir, wie angenehm es sei, mit mir zu arbeiten, da ich ihnen gegenüber so ein partnerschaftliches Miteinander zeigte.

Hier bei den Frauen kam ich nicht so an wie sonst. Aber ich kam in Kontakt mit mir selbst. Mitten unter Frauen entdeckte ich nach langer Zeit wieder, was es heißt, weiblich zu sein und nicht Weiblichkeit einzusetzen – als Garantie für Interesse an mir oder auch als Schutz vor Vereinnahmung. Ich spürte: Ich bin eine Frau! Und der Gedanke war abstoßend. Ich dachte: Hier gehöre ich nicht hin, ich will nicht dazugehören, ich will nicht eine von ihnen sein. Und damit sagte ich ja eigentlich: Ich will keine Frau sein. Das erschreckte mich, und es setzte einen Prozess in Gang. Ich musste neu über mich als Frau nachdenken. Und ich ahnte: Das würde ich nur zusammen mit anderen Frauen schaffen. Das würde nur gelingen, wenn ich die anderen nicht ablehnen, sondern annehmen würde …«

Liebe deine Nächste

Liebe deine Nächste
sie ist wie du
wie du so schön und so unsicher
wie du so begabt und so allein
wie du so klug und so fein

47

vor der Kamera vor der Verabredung
im Mittelpunkt im Bett
beim Beten beim Kochen
vor dem Spiegel vor der Prüfung
an der Kasse an der Haltestelle
in der Nacht in der Sitzung
beim Lieben beim Aufwachen
auf dunkler Straße auf hohen Absätzen

wie du so unsicher und so schön
wie du so allein und so begabt
wie du so fein und so klug

wie du so angewiesen auf eine
die so ist wie du

3. Schwestern, lästern ist von gestern

*Mein Mann versteht
mich nicht,
mit Frauen versteh ich
mich nicht*

»Männer und Frauen passen einfach nicht zueinander!«, orgelte der Kassettenrekorder und gab die etwas hysterisch klingende Stimme von Evelyn Hamann im Gespräch mit Loriot wieder. Auf jeder längeren Autofahrt in meiner Kindheit wurden irgendwann Loriots Parodien auf das Leben gehört. Und alle lachten, weil – ja, weil man sich wieder entdeckte. Weil die Beobachtungen des Humoristen etwas überzogen, aber doch irgendwie echt wirkten. Weil der Ehealltag, das Familienchaos, das Bürogehabe bissig, aber nicht bösartig auf die Schippe genommen wurden. Und weil man irgendwie zustimmend lachen konnte: Ja, ja. Die Männer! Ach, die Frauen! Die sind halt alle so. Haha, die Chefs. Hihi, die Blondinen. Die Mütter. Die Autofahrer. Die sind halt alle so.

Das Verhältnis von Männern und Frauen bietet für nahezu jede Comedy-Show unendlich viele Themen, tausend Anlässe für Witze und Kopfschütteln auf beiden Seiten, jede Menge Geschichten von Damenhandtaschen und Männerstammtisch, von Tupper-Party und Fußball, die alle zu beweisen scheinen: Ja, Männer und Frauen sind voneinander fasziniert, fühlen sich doch immer wieder zueinander hingezogen, aber (!) sie verste-

hen sich nicht! Ihre Kommunikation scheint auf völlig verschiedenen Ebenen stattzufinden. Witz. Kopfschütteln. Selbst mein absoluter Lieblingskabarettist Torsten Hebel hat die Männer-Frauen-Kommunikationskiste in sein Programm aufgenommen – und ehrlich: Ich muss jedes Mal laut lachen. »Es stimmt!«, möchte ich schreien. »Der Typ kennt meine Handtasche, den Lippenstift, Kaugummi, Zahnseide, Sonnenbrille, Tempos, Tampons samt den Kekskrümeln ganz unten auf dem Boden. Witz. Kopfschütteln über das andere, völlig fremde Geschlecht. So weit, so wahr. Ich fühle mich ertappt. Aber neben mir sitzt Regina, die mir, als wir aus dem Auto stiegen, noch kurz zuflüsterte: »Kannst du mein Portemonnaie nehmen, ich hab keine Tasche.« Wie kann das sein, wo Regina doch eine Frau ist! Auch gar nicht so eine untypische – von ihrer Weigerung, eine große Handtasche zu tragen, mal abgesehen.

Also, was jetzt?

Stimmt es, dass Frauen und Männer sich nicht verstehen? Und folgt daraus, dass sich Frauen untereinander immer verstehen? Es gibt Männer, die ich nicht verstehe. Sie können mir so fremd sein! Aber – einige meiner allerbesten Freunde sind Männer. Ich fühle mich von ihnen verstanden und ich verstehe sie. Wir reden, diskutieren, muten uns die Wahrheit zu. Wir kritisieren einander, telefonieren spätabends und beten am Telefon, wir ermutigen uns, stärken uns den Rücken. Wir lesen dieselben Bücher, mögen dieselben Filme, wählen dieselbe Partei. Wir sitzen im Gottesdienst, hören der Predigt zu und nicken im selben Moment. Wir reisen durch Indien und nehmen dieselben Szenen wahr. Wir gucken in die Zeitung und sind uns sofort einig, ob wir die These des Leitartikels bejahen oder ablehnen.

Es sind oft die gleichen Erfahrungen, die uns wütend machen, traurig oder hilflos, die uns freuen, berühren und die das Potential haben, uns zu bewegen. Wir entdecken, wie unterschiedlich wir sind oder auch wie ähnlich! Wie vertraut, wie nah, wie verwandt.

Ich ertappe mich dabei, wie ich tatsächlich nachvollziehen kann, was sie mir sagen! Wie ich mitfühle, mitdenke, mitgehe. Mein Mann Detlev, Johannes, Pat, Stefan, Roland, Torsten, Markus, ich glaube, Bruder ist nicht das Gegenteil von

Schwester. Männer und Frauen passen zusammen. Sie sind gemeinschaftsfähig. Sie wurden doch füreinander geschaffen.

Ja, es gibt Frauen, die ich gut verstehe, und Frauen, die mich verstehen. Ein Blick, ein Händedruck, eine Geste, wir haben alles erfasst. Ein Wort, wir haben schon kapiert.

Und es gibt, bei allem Bemühen um »Sisterhood«, Frauen, die ich nicht verstehe und von denen ich mich ständig missverstanden fühle. Es gibt Begegnungen mit Frauen, wo sie und ich aneinander vorbeireden. Es gibt sogar Frauen, bei denen mir das *ständig* so geht. Es gibt Lebensentwürfe, die mir vollkommen fremd sind, Hoffnungen, die ich nicht mithoffen kann, Ziele, die ich nicht verfolgen will, Ansichten, bei denen ich entschieden widerspreche.

Also, was jetzt? Es gibt Menschen, die ich verstehe, und solche, die ich nicht verstehe. Und Menschen, denen das jeweils mit mir so geht. Manchmal würde ich gerne begreifen, aber es gelingt mir nicht. Das ist ermüdend und oft sehr frustrierend. Von manchem denke ich, dass ich es nicht unbedingt verstehen muss, und spare mir die Mühe. Manchmal will ich kein Verständnis aufbringen.

»Männer und Frauen passen einfach nicht zueinander!« – in Loriots Satz steckt etwas Wahres. Aber es ist (leider) genauso wahr, dass auch Männer einander nicht verstehen. Und es ist (leider) auch wahr, dass Frauen einander nicht verstehen. Ganze Völker mögen sich nicht sehen! Ganze Familien haben sich für immer zerstritten. Ja, Menschen verstehen einander oft nicht. Aber es ist zum Glück nicht wahr, dass Männer und Frauen sich niemals verstehen.

Ich glaube überhaupt gar nicht, dass das Gelingen von Kommunikation vom Geschlecht abhängig ist. Ich glaube vielmehr, dass der Erfolg eines Gespräches, Verständnis und Übereinstimmung entscheidend davon abhängen, welche Machtverhältnisse zwischen zwei Menschen herrschen. Wenn einer der beiden Gesprächspartner Unterlegenheit verspürt, wenn eine der beiden Gesprächspartnerinnen Überlegenheit empfindet, sind die Voraussetzungen für echtes Verstehen denkbar schlecht.

Das gilt sowohl für das Gespräch zwischen Männern und Frauen als auch für Männergespräche und Frauengespräche. Wo Menschen miteinander sprechen, ob sie nun zusammenarbeiten oder miteinander verheiratet sind, einer Familie

angehören oder nicht, können Stolz und Angst Vertrauen, Nähe und Verständnis verhindern. Wo wir Angst haben, zu verletzen oder verletzt zu werden, und meinen, die Basis für eine Beziehung damit zerstören zu können, wo wir nicht die Wahrheit sagen, oder nicht die ganze Wahrheit, ist es schwer, uns zu verständigen.

Wo wir unser Gegenüber verurteilen und jede neue Erfahrung nur auf dem Hintergrund alter Erfahrungen zulassen, wo wir nicht hoffen wollen, positiv überrascht werden zu können, ist das Gespräch schon gescheitert, bevor es angefangen hat. Oder es bleibt oberflächlich – was für Menschen, die einander etwas bedeuten und um Verständnis füreinander ringen, extrem unbefriedigend ist. Ich möchte glauben, dass Verständnis möglich ist. Dass sich Männer und Frauen jeweils untereinander und miteinander verstehen können. Dass Gemeinschaft gelingen kann.

Freundinnen

Neulich hatte ich wieder mal Kinder gehütet. Nachmittags hatte meine Patentochter mit ihrer Freundin gespielt, jetzt war sie im Bett und ich machte den Fernseher an: Werbung. Zwei kleine Mädchen spielten mit ihren Puppen. Die beiden waren echt niedlich. Im Hintergrund lief süße Musik, fast schon klebrig. Die Mädchen redeten nicht, sie zwitscherten, sie waren auffallend nett zueinander. Sie saßen zusammen auf dem Boden des Mädchenspielzimmers und teilten ihre Puppen, wechselten ihnen die Kleider, gaben das Fläschchen und waren lieb.

Ja, so sind Mädchen, lieb und nett. Und so friedfertig. Besonders wenn sie mit Puppen spielen. Schon ganz die lieben, ausgeglichenen Mütter, die sie später einmal werden. Und so ganz anders als Jungen.

Jungen sind ja aggressiv und ungehobelt. Sie treten sich und rennen um die Wette, ständig im Wettkampf, sie sind laut und überhaupt – Mädchen sind Freundinnen. Wie wir Frauen ja generell anscheinend ausgestattet sind mit einem Extrahormon für Geselligkeit, Fingerspitzengefühl und Liebenswürdigkeit.

Nein, das denke ich nicht. Denn ich habe den aktuellen Nachmittag mit den beiden Mädchen noch sehr genau vor Augen. Ja klar, es hatte alles ganz friedlich angefangen. Die beiden, so niedlich und richtig beste Freundinnen. Selber kleine Püppchen, zuckersüß. Ich hörte keinen Mucks aus dem Kinderzimmer. Nur Gezwitscher, Gekicher, Getuschel. Mädchen eben. Aber dann war irgendetwas falsch gelaufen. Und plötzlich hörte ich Kreischen und Heulen. Ich rase ins Kinderzimmer und sehe plötzlich nicht mehr zwei friedliche Freundinnen, sondern zwei beißende Biester: Da wurde gepetzt und dabei weiter gekniffen, gekratzt und an den Haaren gezogen. Und dann setzten beide die schlimmste Mädchenwaffe ein und riefen: »Du bist nicht mehr meine Freundin!«, und: »Ich spiel nicht mehr mit dir. Niiiiieeeee mehr!«

Klar spielen Mädchen gern mit Puppen. Aber eine falsche Bemerkung, meine Liebe, und deine Puppe fliegt aus dem Fenster oder in den Müll, mit der Schere werden die Haare ratzekahl abgeschnitten und das Gesicht mit wasserfestem Filzstift bemalt.

Du bist meine Freundin!, sagen kleine Mädchen. Und damit ist gemeint: Du bist meine beste Freundin! Du bist die allerwichtigste und die allerliebste, du gehörst mir, du musst immer zu mir halten – sonst … bist du nicht mehr meine Freundin. Nein, Mädchen sind nicht immer lieb. Wir können fies sein, herrschsüchtig, trübsinnig. Wir sind eben lebendig, verspielt, risikofreudig. Und auch aggressiv.

Vor allem mit Worten. Schon kleine Mädchen können einander verletzen mit dem, was sie sagen. Aber manchmal brauchen wir nicht einmal das. Es geht auch ganz ohne Worte. Wir können Geringschätzung, Abneigung und Desinteresse auch sehr gut ausdrücken, indem wir zum Beispiel einfach eine Augenbraue hochziehen. Wir können andere lächerlich machen, ohne überhaupt irgendetwas Schlimmes gesagt zu haben. Wir können einfach davonmarschieren, uns abwenden und die andere schneiden, wie Luft behandeln, uns zurückziehen und einschnappen. Wir müssen gar nicht lernen, wie man der anderen einen Kinnhaken versetzt, wir treffen, ganz ohne etwas offensichtlich

Grausames zu tun. Und jetzt sind wir erwachsen und haben gelernt, unsere Gefühle in den Griff zu bekommen.

Ja, Männer sagen oft, sie beneideten Frauen um die Tiefe ihrer Freundschaften zu anderen Frauen. Diese Fähigkeit, sich seelisch zu öffnen und sich emotional zu fordern. Wir haben ein besonderes Talent, Beziehungen zu anderen Frauen zu knüpfen – sagt man uns nach. Frauen reden leichter über Gefühle und verstehen sich deshalb auch darauf, gute Emotionen für andere Frauen zu entwickeln. Aber wir kennen die Wahrheit. Wir sind Zicken und Lästermäuler und unsere Gefühle anderen Frauen gegenüber sind zwiespältig.

Andere Frauen – wir wissen, dass sie uns schaden können, sie sind Konkurrentinnen um Schönheit und Aufmerksamkeit. Wir wissen aber auch, dass wir sie brauchen, dass sie uns inspirieren und verstehen. Frauen brauchen Gleichgesinnte, Vertraute, Freundinnen eben.

Ich hatte eine Freundin, Elke, in der Grundschule. Aber sie ging nicht auf dieselbe weiterführende Schule wie ich. Und in meiner neuen Klasse teilten sich alle Mädchen in Zweiergruppen auf. Sie konnten wohl auch alle zusammenspielen, aber irgendwie war jetzt klar: Sandra ist die beste Freundin von Katja, Kerstin die beste von Ina, Mareile gehörte zu Tanja … Bei diesen besonderen engen »Zweierkisten« war für mich keine mehr übrig.

In dieser Zeit habe ich manchmal gebetet:
Gott, ich wünsche mir eine Freundin.
Eine, mit der ich über alles reden kann,
die mir zuhört und mich versteht.
Mit der ich lachen kann und albern sein,
Rad fahren, Klamotten kaufen, ins Kino gehen.
Eine, die meine Wut versteht und meine Angst,
die auch mal mit mir weinen kann.

Aber nicht nur das: Ich wollte auch eine Freundin sein.
Gott, ich möchte eine gute Freundin sein.
Zeig mir, wie ich trösten kann,
ermutigen und helfen.

Schenk mir Phantasie für Worte und Gesten
und für Geburtstagsgeschenke.
Ich möchte nicht neidisch sein und nicht misstrauisch,
ich möchte großzügig sein und offen. Amen.

»Beste Freundin« – ich mag diesen Ausdruck nicht mehr. Er ist so ausschließlich, so besitzergreifend. Ich habe Freundinnen, sie gehören mir nicht, aber sie gehören zu mir: meine Schwestern, die Frauen in meiner Wohngemeinschaft und in meiner Gemeinde, meine alte Berliner Freundin Birgit, einige Kolleginnen, die mir sehr viel bedeuten. Und dann – ja, dann gibt es zum Beispiel noch Verena.

Als ich sie das erste Mal traf, dachte ich in etwa: Sie ist blond, das ist o.k., das hat Solidaritätsfaktor, sie würde bei Blondinenwitzen wahrscheinlich nicht mitkichern. Aber: Sie ist dünn. Aber nicht einmal unanständig dünn, sondern schlank. Sie hat einfach eine tolle Figur! Das machte mich misstrauisch. Und sie ist Lehrerin. Wie meine Mutter. Alles in allem: mal abwarten.

Ich kannte Verena noch nicht sehr lange, als sie mich zu einer Veranstaltung einlud, bei der sie singen würde. Da stand sie im Laufe des Abends irgendwann auf der Bühne und sang eines ihrer eigenen, sehr persönlichen Lieder: »Ich wünsch mir eine Freundin.« Ich war so bewegt von ihrem Ernst und der Sehnsucht, die ich bei ihr spürte und selber so gut kannte. In ihrem Lied baut sie sich eine Schneefrau, ein Bild, das mich so traurig machte, weil die Schneefrau ja auf jeden Fall wieder schmelzen würde. Als gäbe es keine Freundin, die über den Winter hinaus bei ihr bleiben könne.

Am nächsten Morgen lief ich durch die Stadt, auf der Suche nach einer Postkarte mit einer Schneefrau, und weinte fast, als ich schließlich tatsächlich eine fand. Die schrieb ich an Verena, mit ein paar holperigen Sätzen, und kam mir idiotisch vor, fast wie verknallt, und völlig unsicher, ob sie mich nicht völlig albern finden würde mit meinem zarten Vorschlag, Schneefrau-Freundin zu werden.

Manchmal braucht es nicht viel zu einer Freundschaft, außer etwas allererste Sympathie und ein paar gute gemeinsame Erfahrungen. Aber manchmal erfordert sie

auch echte Arbeit und einen entschiedenen Willen. So war es zum Beispiel bei Verena und mir. Irgendwann hatten wir beide wohl – unabhängig voneinander – beschlossen, ineinander zu investieren und so lange nicht aufzugeben, bis Freundschaft entstehen würde.

Zwischen Verena und mir hat sich mittlerweile eine wunderbare Freundschaft entwickelt. Verena ist in vielem vollkommen anders als ich, aber das war eigentlich nie das Problem, es machte schnell einen guten Teil der Faszination aus. Schwierig wurde es eigentlich immer dann, wenn wir uns zu ähnlich waren. Beide schüchtern, beide schweigsam, beide empfindlich, nachtragend, unsicher. Dann konnte es sogar richtig kompliziert werden!

Als wir beide Interesse an der anderen signalisierten, fing die Irritation auch schon an. »Wieso sollte die sich für mich interessieren?«, dachten wir beide und konnten es gar nicht so recht glauben. Wir lernten uns zaghaft, vorsichtig kennen. Irgendwie immer ein bisschen auf der Hut. »Ist die selbstbewusst, die braucht mich nicht!«, dachten wir beide und fühlten uns jeweils ganz schwach. »Ist die unabhängig!«, und fühlten uns wie geknebelt. »Ist die begabt!«, und fühlten uns vollkommen uninteressant, beide. »Ist die schlank!«, dachte ich und fühlte mich sehr unansehnlich. »Ist die viel zu beschäftigt!«, dachte sie und schaffte es nicht mehr, mich anzusprechen.

Die Geschichte unserer Freundschaft steckt bis heute voller Aha-Erlebnisse: »Wie? Du auch?«, lachen wir so oft beide und gucken uns ungläubig an, weil der Groschen wieder mal nur ganz langsam fällt. »Ja sicher! Dir geht es genauso wie mir! Du fühlst dich gar nicht stark. Du findest dich gar nicht schön. Du siehst dich gar nicht als die Überlegene. Ist ja interessant! Und wie wohltuend!«

Am Anfang war es so, als würden wir miteinander Versteck spielen. Wir suchten und fanden uns und entkamen einander wieder. Wir suchten das Gespräch, aber es versteckte sich hinter unseren Ängsten, zu kurz zu kommen, nicht ernst genommen und verstanden zu werden. Aber wir lockten es beharrlich aus seinem Versteck.

»Schwestern, lästern ist von gestern!«, sagten wir uns. Da stand  Verena einmal auf der Bühne, und eine Frau neben mir meinte bissig: »Wie distanziert sie wirkt, fast überheblich.« Ich erwiderte: »Sie ist aufgeregt, nervös und muss sich konzentrieren, damit sie nicht von der Bühne rennt!«, und wusste, dass das der Wahrheit entspricht. Aber ich erinnerte mich gut daran, wie ich noch vor ein paar Monaten genauso empfunden und geredet hatte. Dabei wusste ich doch, wie es mir selber geht, wenn ich da vorne stehe.

Doch auch die Bissige neben mir konnte ich nicht einfach verurteilen, weil ich hinter ihrem Kommentar die Sehnsucht nach Nähe spürte oder den Wunsch, selber ihre eigenen Gaben so einbringen zu können.

Schwestern, möchte ich sagen, lästern ist von gestern. Hören wir auf, Angst voreinander zu haben. Die anderen stecken in der gleichen Haut. Hören wir auf, zu verurteilen, die andere nur für stark und stolz zu halten und nicht auch ihre Bedürftigkeit wahrzunehmen. Rechnen wir damit, dass die andere genauso verkorkst ist wie wir. Und genauso liebenswert. Einfach ein echter Gewinn für unser Leben!

Die Liebe und Unterstützung von Freundinnen und Schwestern gehören mit zum Kostbarsten in meinem Leben. Katharina, Dorothea und Verena sind Beispiele dafür. Ohne sie und all die anderen könnte ich nicht so leben, so arbeiten, denken, hoffen, vertrauen, lieben, wie ich es tue. Sie versuchen, das Beste aus mir herauszuholen. Ich bin dankbar für Lieder und Gebete, Njeri und Judy, für Blumen, Gudu und Patricia, für E-Mails, Miri, Kiki und Christel, für Geburtstagsgeschenke, Birgit, Petra und Regina, für Gedichte, Jasmin, für Briefe, Christa und Doris, für Anrufe, Angi und Dagi, für Postkarten, Jule und Christiane, für Buchtipps, Alexandra und Susanne, für Grüße, Elke, Kathrin und Khumo. Danke, für alle, die nicht lästern, sondern »schwestern« …

Meine Schwestern machen mir immer wieder bewusst, dass ich nicht alleine bin, nicht unabhängig von anderen leben kann und nicht nur auf mich angewiesen leben muss. Und sie weisen mich immer wieder hin auf Gott, den Ursprung aller Gemeinschaft und Liebe überhaupt. Meine Schwestern bringen etwas von Gott in mein Leben: Ideen, die so viel origineller sind als das, was ich sowieso schon von mir aus kenne. Hoffnung, die weiter reicht als meine eigenen Wünsche. Liebe, die alles erträgt, verzeiht und ewig hält.

Vertrauen, Zuwendung, Gemeinschaft – als Christin bedeutet das für mich immer auch, die Nähe Gottes zu suchen. Denn Gott lebt in Beziehung, sehnt sich nach Beziehung, schafft und erneuert die Beziehung zwischen uns und ihm. Ich glaube, dass er die Nähe zu uns sucht. Ohne die Gemeinschaft der anderen wäre meine Erkenntnis von Gott klein, begrenzt und einseitig. Gott ist weit größer als meine Erfahrung oder mein Geschmack, meine Biographie. Die Gemeinschaft der Schwestern und Brüder, die Menschen, die mich lieben, ermutigen mich immer wieder, Gott zu lieben, ihn kennen zu lernen, mit ihm zu leben.

Deshalb ist es für mich auch so wichtig, zusammen mit anderen zu beten. Eines der schönsten Projekte, an dem viele Frauen meiner Gemeinde beteiligt sind, ist eine Gruppe, die sich »Days of Grace« (Tage der Gnade) nennt. Hier treffen sich regelmäßig Mädchen und Frauen im Alter von 15 bis 35 Jahren, die vor allem eins gemeinsam haben: Sie sind Gottsucherinnen. Sie beten füreinander. Damit werden sie aufmerksamer füreinander und erweitern ihr Leben um Gottes Möglichkeiten und Liebe. Mit ihrer Verbundenheit weisen sie auf Gott hin, auf die Treue, die Hingabe, Anfang und Ziel aller Beziehung. Sie versichern sich gegenseitig, dass – egal, was auch kommt – niemand jemals aus Gottes Liebe herausfallen kann.

Du bist mein Spiegel
(für Verena zum Geburtstag)

dies Jahr will ich dir
einen Spiegel schenken
der dir sagt dass du schön bist
deine Augen dein Lächeln dein blondes Haar
ein heller Kopf
deine Besonnenheit
und noch weit mehr als das
 denn wir haben kein Foto von Gott
aber wir glauben
dass jeder Mensch nach seinem Bild gemacht ist

ich wünsche dir ein Gebet
auf deine Lippen
eine Bitte um das tägliche Brot
wie Jesus selber
immer gerade genug für heute
und täglich auch ein Gebet für Gott
dass er nicht so allein ist
und weiß du denkst an ihn

ich wünsche dir heilige Kraft
Sonntagskraft für Montag und so weiter
Geisteskraft für die Abgestumpften
Widerstandskraft für eine Kampagne der Freude
Abwehrkräfte im kalten Winter der rauen Welt
ich wünsche dir
ab und zu nachts
eine Himmelsleiter im Garten hinterm Haus
du weißt schon für die Engel zum Klettern
Schutzengel und manchmal auch
einen Schubsengel

ich wünsche dir Klarheit
wie die Hirten als sie den Engel sahen
bei Bethlehem
vollkommen deutlich wussten
was tun und was lassen
dass du hörst dass Gott dich ruft
weil er dich braucht

ich wünsche dir eine Stimme
nicht nur dass du singst wie ein Engel
nur dass du
den Glauben die Hoffnung und die Liebe
verbreitest vergrößerst und vertiefst

ich wünsche dir den Blick
aus dem Fenster und in die Seele

in die Höhe in die Tiefe
ich wünsche dir die Augen des Glaubens
mehr als man sehen kann ist wirklich
über den Himmel können wir mehr sagen
als nur dass er blau ist oder grau
ich wünsche dir den Blick des Glaubens
und für bestimmte Momente
wünsche ich dir die Fähigkeit
beide Augen zuzudrücken
denn Gott gab uns die Augen
aber für manches auch die Augenlider

ich wünsche dir Vertrauen in Gott
dass er dich ganz gesundküsst
dass du, egal was kommt, weißt
du kannst niemals aus seiner Liebe rausfallen

und ich danke dir für deine Geduld,
wenn ich wieder dieselbe Geschichte erzähle
für deine Gelassenheit
wenn ich mich im Kreis drehe um mich selbst
ich danke dir für deine Sanftheit
wenn ich wütend werde
ungerecht hitzig dickköpfig einseitig

ich danke dir für deine Freundschaft,
dass du dir nicht nur eine Freundin wünschst
sondern selber eine Freundin bist
ich danke dir für deine Großzügigkeit,
das lächerliche Beleidigtsein zu überwinden
mit einem zwinkernden echten Lachen
ich danke dir für deinen erfrischenden Witz

ich danke dir sehr, dass du mich ablenkst
von meinen Sorgen
 aber nie von Gott vom Allerwichtigsten
davon nie
du weist mich noch darauf hin

du weißt ich verabscheue den Neid
ich brauche Orte ohne Angst
Menschen ohne Angst vor mir
ohne Eifersucht Feindseligkeit und Schadenfreude
ich brauche sie zum Überleben
Orte der Wahrheit Güte Bestärkung
damit ich meine Vision von Verschwesterung
von Vergebung Großmut und Kampf
meine Liebe zu Gott wirklich leben kann

ich sehe die Anstrengung in deinen Augen
ich kenne die Verletztheit die Unsicherheit
immer wenn ich noch mal hinsehe
dann entdecke ich vor allem die Sehnsucht
deine Sehnsucht nach dem Reich Gottes
die Hoffnung auf Gerechtigkeit
ich teile sie zutiefst
und dann sehe ich auch den Mut und die Hoffnung
das alles
du selber
bist ein Spiegel von Gott für mich

4. Berufen und begeistert: Hand und Kopf

Frauenarbeit

Was ist Arbeit? Berufsarbeit, bezahlte Arbeit, ein Job? Oder auch Hausarbeit, Einkaufen, Bügeln, Aufräumen, Kochen und Kindererziehung? Und wer ist eigentlich ein Profi?

Viele Frauen müssen arbeiten, um Geld zu verdienen. Andere würden gerne, andere arbeiten, um sich nicht zu langweilen oder um sich zu verwirklichen. Manche füllt ihre Arbeit aus, sie empfinden sie als Berufung und fühlen sich am richtigen Platz. Manche bekommen für ihre Arbeit kein Geld, viele bekommen zu wenig.

Die meiste unbezahlte Arbeit wird immer noch von Frauen getan. Denn Frauen arbeiten eigentlich fast immer. Sie arbeiten zu Hause. Sie arbeiten im Garten. Sie organisieren Geburtstagspartys, pflegen die Eltern und wissen, wie es den Nachbarn geht. Viele Frauen, die ich kenne, verlangen immer mehr von sich.

Viele Frauen verbinden heute mit Familienarbeit und Berufstätigkeit zwei traditionell unvereinbare Bereiche miteinander. Manche bezeichnen das als Doppelbelastung, andere empfinden es als

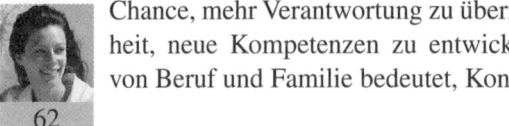

Chance, mehr Verantwortung zu übernehmen, und als Freiheit, neue Kompetenzen zu entwickeln. Die Verbindung von Beruf und Familie bedeutet, Konflikte zu erleben zwischen den unterschiedlichen Anforderungen des Jobs und der Welt zu Hause, zwischen den persönlichen Bedürfnissen und denen anderer Menschen. Arbeit ist für viele Frauen eine Herausforderung, der sie sich rund um die Uhr und an sieben Tagen der Woche stellen müssen.

Was ist Arbeit? In einer Gesellschaft, in der Erfolg, Ansehen und Glück fast ausschließlich über Geld, Wohlstand und materielle Sicherheit definiert werden, sind die, die für ihre Arbeit kein oder wenig Geld bekommen, natürlich verunsichert. Ist echte Arbeit nur, wenn man Geld dafür bekommt? Ist wirkliche Arbeit die, die außerhalb von zu Hause, in einem Büro, einer Praxis, an einem Pult stattfindet?

Oder ist Arbeit etwas ganz anderes: Etwas Bleibendes zu schaffen, etwas zu erfinden, etwas weiterzugeben, Leben zu erleichtern, Umstände zu verbessern? Und wer entscheidet darüber? Wer bestimmt, wie viel das wert ist? Und was ist mit der Arbeit, die keiner tun will? Wer leidet am meisten, wenn sie einfach liegen bleibt und nicht erledigt wird?

In der Hausarbeit hat sich viel verändert in den letzten Jahrzehnten. Sie ist in mancher Hinsicht leichter geworden. Es gibt Staubsauger, Spülmaschinen, Waschmaschinen und Trockner. Auch wenn die Werbung uns einreden will, dass sich immer noch irgendwo Dreck, Staub, Keime und Krümel verstecken und wir das Ziel der modernen Sauberkeit niemals erreichen können – wir können uns dafür entscheiden, dass es Wichtigeres gibt als eine Hochglanzwohnung.

Die Hausarbeit ist leichter geworden, schneller, effektiver. Es gibt Tütensaucen und Fertiggerichte, Pizza und Döner, den China-Imbiss und den Bringservice vom Nudelhaus. Die Hollandaise und die Béarnaise meiner Großmutter schmeckten anders, wahrscheinlich besser, aber sie konnte sie nicht in drei Minuten kochen. Ein Essen schmeckt nicht erst dann, wenn eine Frau dafür stundenlang in der Küche gestanden hat.

Die Hausarbeit ist leichter geworden. Leider sind dabei nicht nur Hausrezepte verloren gegangen, sondern zum Beispiel auch der Gedanke an Tischgemeinschaft und die Gelegenheit, mit der ganzen Familie zusammen zu essen. Viel

effektiver wird heute gearbeitet, und trotzdem gibt es nicht weniger, sondern eher mehr Stress. Weniger selbstverständlich wird die Hausarbeit heute alleine von Frauen erledigt, und trotzdem: Am Ende wird sie – auch bei Doppelbelastung von Haushalt und Job – am allermeisten von den Frauen erledigt. Dabei empfinden einige das Zubereiten der Mahlzeiten als kreative Abwechslung, als Zeichen der Fürsorge für ihre Lieben. Andere aber wünschen sich, ihr Mann würde genauso oft kochen wie sie, aber bevor sie das ausdiskutiert haben, haben sie das Essen schon fertig. Und wieder andere wollen nicht, können nicht oder müssen nicht kochen.

Hausarbeit ist Arbeit. Anspruchsvoll auf verschiedenen Ebenen, oft weit reichend in ihren Auswirkungen. Denn nichts, was wir tun, ist gleichgültig. Deshalb braucht jede Arbeit Maßstäbe. Einkaufen zum Beispiel ist Arbeit: Preise vergleichen, Inhaltsstoffe und Herkunftsländer. Beim Einkaufen werden ethische Entscheidungen getroffen: Kaufe ich Produkte aus Recyclingpapier, Saft in Pfandflaschen, fair gehandelten Kaffee? Was ist mit Spielzeug, das in China hergestellt wurde? Wie viel Lohn bekommt die Arbeiterin am Fließband, und bedeutet das etwas für uns?

Arbeit hat nicht nur den Sinn, mich zu erfüllen und zu bestätigen; sie dient nicht nur meiner Selbstverwirklichung. Dann wäre alle Arbeit gute Arbeit, die mich befriedigt. Arbeit schafft Lebensmittel, soll Mittel zum Leben herstellen, die andere brauchen. Arbeit produziert etwas. Und es ist nicht egal, was wir produzieren, Hauptsache, wir produzieren. Arbeit verändert, greift in die Abläufe der Natur und in die Abläufe der Geschichte – einzelner Menschen und großer Gruppen – ein.

Arbeit ist nicht nur ein Mittel, um Geld zu verdienen, und zwar möglichst viel. Dann wäre alles erlaubt und richtig, was mir meine Taschen füllt. Wir müssen sehen und bewerten, wie sich unsere Arbeit auf andere Menschen auswirkt: ob andere davon profitieren. Wir sollen die im Blick behalten, die nichts produzieren können und trotzdem zu unserer großen Familie gehören, Kinder, alte Menschen und Kranke. Wenn wir arbeiten, sollen wir nicht einfach  den Gesetzen des Marktes vertrauen, sondern wir brauchen Gebote. Wir brauchen die Stimme Gottes, die uns daran erinnert, dass die Welt seine Schöpfung ist und jeder

Mensch sein Geschöpf. Auch unsere eigenen sozialen Kriterien müssen hinterfragt werden: Können sie etwas Schlechtes verhindern, und wenn nicht – was können wir tun? Und wenn wir es können, reicht uns das?

Arbeit braucht Maßstäbe. Die Arbeit mit Kindern, mit Menschen, die Kunst, die öffentliche Rede, Medien, Politik, Konsum und Produktion, Erziehung und Familienarbeit – und wo auch immer unser Beitrag liegt, nie geht es damit nur um uns selbst! Immer hat es Auswirkungen – das ist auch das Tolle an der Arbeit! Deshalb heißt zu arbeiten, Verantwortung zu übernehmen, mitzugestalten, unsere Möglichkeiten als Frauen – kleine oder große – zu nutzen, um etwas zu verändern. Arbeit macht einen Unterschied, und was an uns liegt, dass sie einen Unterschied zum Guten macht, sollen wir tun.

Wer sagt, was ich kann und wozu ich da bin?

Die christliche Tradition verbindet Beruf mit Berufung und spricht von einem Gott, der Menschen für bestimmte Aufgaben begabt. Das bedeutet, dass nicht allein Geld und gesellschaftliche Anerkennung, die Vorstellungen der Eltern oder die Tradition entscheiden dürfen, welchen Beruf wir ausüben. Was üblich oder schicklich ist, kann niemals das einzige Kriterium sein, auch wenn es uns beeinflussen wird. Es kommt nicht darauf an, etwas möglichst ganz anderes, etwas Auffälliges oder unbedingt Unauffälliges zu tun; es ist wichtig, das *Richtige* zu tun. Was zu uns passt.

Ich kenne Frauen, die bei ihrer dritten Ausbildung, in ihrer zweiten Lebenshälfte oder nach der Geburt ihres ersten Kindes erst den Beruf entdeckt haben, der wirklich ihrer war. Mir fallen Menschen ein, die sich immer nur gefragt haben, wie sie zum Zuge kommen, und dabei nie ihr Ziel erreichten. Künstlerinnen, die ihr Image pflegten und verträumt in Cafés saßen, aber niemals Kunst produzierten, die andere inspirierte. Bis sie sich Menschen zuwandten und sich dem Gedanken öffneten, dass Gott, der Schöpfer und der Künstler schlechthin, etwas in sie hineingelegt haben könnte, das die Welt sehen, hören, erleben muss. Bis sie endlich etwas für andere taten – und dabei sich selber fanden und die Bestätigung bekamen, die sie so dringend brauchten.

Gott bringt Geist, Gaben und Schöpferkraft in unser Leben. Und immer auch die Fragen nach Gerechtigkeit, nach gelingenden Beziehungen, nach Frieden und Wahrheit. Die Frage, ob anderen dient, was du tust, wer davon profitiert und wer dafür zahlt. Ich glaube, dass er uns ruft und sich zu uns stellt, dass er uns vorbereitet, begleitet, bestätigt und beflügelt.

Zurechthelfen
(für Gudula, meine Freundin, die Anwältin)

die alte Frau aus dem Volk der Zulu sagt
nein wählen gehe ich nicht
das macht mein Mann für mich
dass alle wählen dürfen
schwarze und weiße Männer und Frauen
davon weiß sie nichts
   sie bräuchte eine Schwester
die ihr zurechthilft
die was vom Wahlrecht weiß

die junge Sozialhilfeempfängerin sagt
nein ein Kinderbett habe ich nicht
ich werde mein Baby in einen Karton legen
dass sie ein Recht darauf hat
hat ihr niemand gesagt
   beim Amt heißt es
    sie habe ja auch nicht gefragt
      sie bräuchte eine Schwester

die ihr zurechthilft
zu ihrem guten Recht
die was von Gerechtigkeit versteht

die schwarze Asylbewerberin sagt
nein ins Gefängnis geworfen haben sie mich nicht
auch nicht mit dem Tod bedroht
nur ihre alten Rituale an mir vollzogen
bald wird das ein Grund für Asyl sein
aber das ahnt kaum jemand
    sie bräuchte eine Schwester
die ihr zurechthilft
und ihr sagt
dass niemand ihre Rechte beschneiden darf
die die Menschenrechte achtet

die hübsche Lehrerin sagt
nein eine Vergewaltigung war das nicht
ich steckte nicht wirklich in Gefahr
aber unwohl belästigt gefühlt habe ich mich
im Kollegium heißt es
sie sei halt prüde verstehe keinen Spaß
    sie bräuchte eine Schwester
die ihr zurechthilft
die Unrecht bewältigen kann

die mutige Studentin sagt
nein es gab keine andere Möglichkeit
ich musste mich wehren
ich musste um mich schlagen
dass sie schuldig geworden ist
eine Täterin
kann sie nicht sehen
sie ist zu sehr gewohnt ein Opfer zu sein
sie bräuchte eine Schwester
die ihr zurechthilft
die selbst von Vergebung lebt

die sterbende Großmutter sagt
nein gerecht war das nicht
blind sein und so früh schon *Witwe*
dass dies nicht das letzte Urteil ist
ahnt sie nur
selbst vom Jüngsten Gericht
erhofft sie sich nicht viel
   sie bräuchte eine Schwester
die ihr zurechthilft
die den besten Richter und gütigsten Anwalt kennt

ich habe sie gesehen
das ist wirklich passiert
du weißt dass es so etwas gibt
ich hab sie gehört
ihr erstes Wort immer ein *Nein*
und niemals ein *Ja* zu sich selbst
ich kenne sie
und tausend andere
vermeintlich harmlosere Geschichten
von anderen
die nicht zurechtkommen
und ihre Rechte nicht kennen
nicht wissen was richtig ist für sie
die meinen das Recht gegen sich zu haben
und den Richter und die Geschworenen …
   sie alle brauchen eine Schwester wie dich
die was vom Wahlrecht weiß
die was von Gerechtigkeit versteht
die die Menschenrechte achtet
die Unrecht überwinden kann
die selbst von Vergebung lebt
die den besten Richter und den gütigsten Anwalt kennt
   die zurechthilft

Berufen – gibt es Gaben, die Gott Frauen nicht verleiht?

Ich habe immer geglaubt, dass Gott alle Menschen liebt und dass er keine Unterschiede macht. Aber wie ist es mit geistlichen Gaben und Berufungen? Will Gott seine Kinder, egal, ob Söhne oder Töchter, in gleicher Weise geistlich begaben und gebrauchen, oder gibt es geistliche Gaben, die nur einem Geschlecht vorbehalten sind?

Als junge Christin wollte und musste ich wissen, ob Frauen nach Aussage der Bibel den gleichen Ruf Gottes in die Verkündigung hören können wie Männer. Ob sie auch die Gaben »Leitung« und »Verkündigung« empfangen, oder ob Gott den Gebrauch dieser Gaben für Frauen verbietet. Ich forschte, fragte, las, diskutierte. Die Bibel wurde mir die beste Trösterin, die größte Kritikerin, die förderlichste Lehrerin. Ich kam zu der Überzeugung, dass es keine speziellen Geistesgaben nur für Männer oder Frauen gibt. Wir gehören alle zur Gemeinde und sollen unseren Beitrag leisten.

Wir sind alle auf Gemeinschaft angewiesen, damit wir Gott nicht in eine Schublade einsperren und auf unsere Erfahrungen reduzieren. Die Bibel und die Ergänzung durch andere Christinnen und Christen helfen mir, immer noch mehr von Gott zu erfahren. Keiner von uns hat Gott für sich alleine. Keiner muss sich einsam um das Reich Gottes mühen. Wir gehören zu einer Familie, wir können voneinander lernen und uns gegenseitig unterstützen.

Ich empfand es als großes Privileg, Theologie studieren zu können und Zeit zu haben zum Lesen, Denken, Fragen und Bibelstudium. Auf die Frage, warum ich Theologie studiere, antwortete ich immer: »Weil ich predigen will.« Ich wusste, es war mein größtes Herzensanliegen, die gute Nachricht von der Liebe Gottes weiterzusagen. Meine eigene Biographie hatte mir gezeigt, wie wichtig es ist, eine bewusste Entscheidung für Jesus zu treffen. Ich wollte möglichst vielen Menschen helfen, diesen Schritt zu gehen. Ich predigte, oft in Jugendgottesdiensten oder für Frauen. Ich war oft zaghaft, aber wenn ich einmal angefangen hatte zu predigen, war ich in meinem Element. Ich wusste, dass ich das Richtige tat, dass ich meine Gaben von Gott bekommen hatte und für ihn einsetzen durfte.

Nach meiner Vorstellung würde ich eines Tages in einer Kirche auf einer Kanzel stehen, um von Jesus zu reden. Der Weg schien ziemlich klar und glatt. Aber so kam es nicht, meine Kirche hatte kein Geld für mich, und ich war eine Zeit lang ziemlich ratlos. Wie soll ich predigen, wenn ich keine Stimme habe? Keine Kanzel, keine Kirche, keine Stelle? Vielleicht war meine Berufung ein einziger, großer Irrtum gewesen?

Auf einer Tagung dachte ich über das Thema Beruf und Berufung nach. Ich betete und redete mit einigen anderen Frauen. Da sprach Elke, eine Frau, die sehr wichtig für meine weitere Arbeit wurde, davon, dass Frauen in den kommenden Jahren Predigerinnen, Gemeindeleiterinnen und Evangelistinnen sein würden. Diese Aussage wurde sehr wichtig für meine weitere Arbeit.

»Evangelistin« – das Wort traf mich richtig, so dass ich dachte: »Es gibt ein Wort für das, was ich bin. Es gibt ein Wort für mich!« Hatte ich das vorher noch nie gehört? In diesem Moment jedenfalls traf es mich. Mir ging wirklich ein Licht auf. Meine dringendste Frage wurde, wie wir heute angemessen von Gott reden können, um Menschen für den Glauben zu gewinnen.

Die Menschen, die mir persönlich besonders am Herzen liegen, sind junge Mädchen und Frauen. Immer wieder, besonders bei meiner Arbeit in Südafrika, aber auch hier in Deutschland, lernte ich (ganz unfreiwillig) Essgestörte und Magersüchtige kennen, Frauen, die Opfer von Missbrauch und Vergewaltigung waren, die ihre Würde und Selbstachtung verloren hatten, die sich nicht ausstehen konnten und sich das Leben nehmen wollten.

Wie gewinnen Menschen heute Gott lieb? Wie erzähle ich von Jesus, wenn jedes Gefühl von Liebe und Vertrauen erstickt ist von dunklen Bildern und schlechten Erfahrungen? Wie können auch die Armen, die Geschundenen und Entwürdigten an Gottes Liebe glauben?

Auf dem Hintergrund meines eigenen Engagements sage ich: Arbeiten bedeutet für mich, dem Geist Gottes Freiheit zu lassen und Gaben zu entdecken. Manche können ihr Hobby zum Beruf machen, viele nicht. Aber wir sollen alle

einen Beitrag leisten. Sisterhood heißt, dass wir schöpferisch werden können. Dass wir lesen und schreiben, lernen und argumentie-
ren. Dass wir aber auch spielen und singen, tanzen und feiern. Dass
wir Arbeit verstehen als Fruchtbringen, etwas weitergeben, in die
Zukunft und in Menschen investieren.

Das Evangelium der Njeri oder
The gospel according to Njeri
(für meine Freundin Njeri Jusad, die Opern-
und Gospelsängerin)

Du kannst nur Gospel singen
wenn du Gospel bist
Amazing Grace, how sweet
du kannst nur Gospel singen wenn du Gospel bist
du kannst nur die gute Nachricht weitergeben
wenn du selber von ihr weißt,
von ihr bewegt bist berührt
du kannst nur Gospel singen
wenn du Gospel bist
in dieser dunklen kalten Welt
selber angestrahlt wirst erleuchtet und gewärmt
Du kannst nur Gospel singen
Evangelium, gute Nachricht
wenn du Gospel bist
wenn du selber Hoffnung bist
We shall overcome
wenn du selber Liebe schenkst
O happy day
wenn du deine Angst nicht so wichtig nimmst wie Gott
Don't you have to worry
wenn du jeden Tag mehr die Großzügigkeit schätzt
Cast your burdens unto Jesus
wenn du Erfolg Anerkennung und Würde erlebst
Go tell it on the mountain
aber auch Traurigkeit und Einsamkeit

Nobody knows the trouble
und darüber mit Jesus sprichst
It's me, o Lord, standing in the need of prayer
und deine Entscheidungen nicht alleine triffst
Sing when the spirit says sing
mit dem grenzenlosen Geist für schwarze weiße Brüder und
Schwestern
He's got the whole world in his hand
Du kannst nur Gospel singen
wenn du Gospel bist
Amazing Grace, how sweet
keep on lifting your voice to the Lord
O when the saints
Rock my soul
Swing low
Njeri
sister carry on
du kannst Gospel singen
weil du Gospel bist

Selbständig sein: »A room of one's own«

Ein Ritual, das von Sisterhood-Frauen praktiziert wird, geht so: Wenn eine junge Frau ihr erstes eigenes Zimmer oder ihre erste eigene Wohnung bezieht, bekommt sie den Frauenbuch-Klassiker von Virginia Woolf »Ein Zimmer für sich allein« geschenkt. In festlicher Atmosphäre wird es überreicht. Alle Anwesenden sind Frauen, die das Buch selber auch geschenkt bekamen. Sie lesen ihre Lieblingsstellen aus dem Buch vor und verbinden damit Wünsche und Gebete für die Schwester: »Ich wünsche dir, dass du allein sein kannst, ohne jemals einsam und verlassen zu sein.« Oder: »Ich wünsche dir, dass du deinen Platz einnimmst, dass du Raum hast und Freiheit.« – »Ich wünsche dir, dass du dieses Privileg, Platz für dich zu haben, immer mehr schätzen lernst.« – »Ich wünsche dir, dass du deinen Platz nutzt, um kreativ zu sein für dich und andere!« – »Ich wünsche dir, dass du gerne Gäste hast und anderen Platz einräumst.«

Es ist überhaupt nicht selbstverständlich, dass Menschen und insbesondere Frauen ein eigenes Einkommen haben und selber darüber verfügen können; dass sie ein Zimmer haben, das sie abschließen und für sich beanspruchen dürfen; dass sie so frei sind.

In jedes weitergegebene Buch werden ein paar Sätze aus einem Essay von Alice Walker geschrieben: »Hattest du eine Urgroßmutter, die unter der Peitsche irgendeines dummen und verdorbenen Aufsehers starb? Oder sollte sie für einen faulen, hinterwäldlerischen Tölpel Plätzchen backen, wenn ihre Seele doch danach schrie, Aquarelle von Sonnenuntergängen zu malen oder von dem Regen, der auf die grünen und friedlichen Weiden herabfiel? Oder wurde ihr Körper (…) gezwungen, Kinder zu tragen, wenn es doch ihre einzige Freude war, die Heldenfiguren aus der Rebellionszeit in Stein oder Ton zu modellieren? (…) Virginia Woolf schreibt in ihrem Buch ›Ein Zimmer für sich allein‹, dass eine Frau zwei Dinge ganz sicher haben müsse, um schreiben zu können: ein eigenes Zimmer, das verschließbar ist, und genügend Geld, um davon leben zu können …«, denn »so haben unsere Mütter und Großmütter den schöpferischen Funken weitergegeben, den Samen der Blüte, die sie selbst nie zu sehen hofften, wie einen versiegelten Brief, den sie nicht richtig lesen konnten« (aus Alice Walker, »Auf der Suche nach den Gärten unserer Mütter«).

In der Bibel heißt es, dass Gott unsere Füße auf weiten Raum stellt. Als Schwestern wünschen wir uns, dass immer mehr Menschen in dieser Welt diese Großzügigkeit und Freiheit erfahren und für sich und andere nutzen.

Clownin
(für Susanne, Musicaldarstellerin, Tänzerin, Clownin)

sie erinnert uns
hingebungsvoll zu sein
und absichtslos
leidensfähig
traurig
sehnsüchtig
komisch und schräg
 sie wird herumgestoßen
 aber sie wird nie besiegt
sie lehrt uns
die Kunst des Stolperns
die Überraschung
die Poesie
die Verwunderung und das Spiel
sie kennt selten ein Happy End
aber immer wieder eine neue Geschichte
 sie wird immer wieder überlistet
 aber sie wird nie besiegt
sie bringt uns
schöne Verwirrung
neue Perspektiven
Unerlaubtes
eine liebenswerte Figur
Verbindung zur anderen Welt
schillernd verkleidet maskiert
das Kind in uns zum Lachen
 sie wird oft verwundet
 aber nie besiegt
 so zeigt sie uns Christus

74

Beruf mit Berufung zusammenzubringen bedeutet, die eigenen Gaben zu entdecken, sie einbringen und entwickeln zu dürfen, einen Platz zu bekommen, wo sie etwas bewirken können. Es ist ein Privileg, zu lernen und zu arbeiten, ein Privileg, ein Menschenrecht, ein Geschenk von Gott. Ich wünsche mir, dass wir Frauen unterstützen, sich in allen Disziplinen und Berufen zu beteiligen, ihren Beitrag zu leisten und darin immer besser zu werden.

Am 12. September 2001, einen Tag nach den schrecklichen Ereignissen in den USA, saß ich mit zwei Freundinnen zusammen. Wir lasen Zeitung, und nach der Sprachlosigkeit fingen wir an, zu diskutieren und zu überlegen, welche Ursachen diese Terrorangriffe hatten und welche Folgen sie haben würden. Die Wirtschaftswissenschaftlerin sprach über Armut und Reichtum, über die große Kluft zwischen mittellosen und wohlhabenden Ländern, über die Gewalt der Wirtschaftsmächte, über Öl, den Drogenmarkt und die Abhängigkeit der Politik vom Geld. Die Psychologin sprach über Ohnmacht und Wut, über Stärke und Schwäche, über Angst vor dem Fremden und über Rache und Krieg. Als Theologin sprach ich über Christentum und Islam, über Kriege und Ungerechtigkeit im Namen Gottes, über die Bergpredigt Jesu, über Israel und Palästina. Wir diskutierten laut und ausführlich.

Die Ökonomin, die Psychologin und ich sprachen aber nicht nur für unser jeweiliges Fach und brachten unsere Einsichten, unser Wissen mit in das Gespräch ein.

Wir sprachen als Frauen und Schwestern, solidarisch mit den Müttern, die um Kinder trauerten, die getötet wurden, erschossen, von einer Bombe getroffen oder täglich verhungerten. Wir sprachen über unsere eigene Angst vor einem neuen Krieg. Über unsere Rolle, unser Leben in einem westlichen Land, als Frauen, die keinen Schleier tragen. Über unsere Überzeugungen von Gewaltlosigkeit und über unsere Hilflosigkeit angesichts der Willkür des Terrors. Über unsere Traurigkeit über diese kaputte Welt und die Hoffnung auf Erlösung, Gerechtigkeit und Frieden. Gerade angesichts unserer unterschiedlichen fachlichen Qualifikation wurde uns die Komplexität der Situation bewusst, aber auch die Chance des Miteinanders.

Arbeit, Beruf und Berufung: Frauen sollen ihre Gaben und ihre Erkenntnisse zu Hause und öffentlich einbringen, ihre Sicht der Dinge äußern, Alternativen aufzeigen und damit etwas bewirken, sich mit anderen zusammentun, um gemeinsam Lösungen zu finden, wie diese Welt für Männer, Frauen und Kinder besser wird. Ein hoher Anspruch, viel Arbeit, eine große Anstrengung – aber Frauen müssen sich nicht verstecken und sie dürfen es auch nicht! Sie müssen und sie können ihren Teil beisteuern. Jede Einzelne soll ermutigt werden, ihr Bestes zu geben!

5. Bauch, Beine, Hüfte, Po: Stress- und Neid- punkt Nr. 1

Im Hungerstreik

Bei aller Unterschiedlichkeit gibt es Erfahrungen, die jede von uns macht, weil wir einen weiblichen Körper haben. Ob wir nun einen BH tragen oder nicht, Brüste haben wir alle. Ob wir sie mögen oder ob wir sie zu klein oder zu groß finden, ob wir erleben, dass Männer sie anstarren oder anpacken, oder ob wir ihnen mehr Beachtung wünschten, ob sie unsere Körperhaltung beeinflussen oder beim Sport stören, Brüste haben wir alle.

Jede Regel hat auch eine Ausnahme, aber wir alle kennen das Gefühl, Blut zu verlieren. Manche haben dabei Schmerzen, andere bekommen Pickel, andere sind vorher unausstehlich, andere währenddessen, manche beides. Einige verbinden damit die Hoffnung auf Fruchtbarkeit, andere die Angst davor. Manche beeinflussen die Regel mit der Pille, andere verhüten natürlich, einige haben erlebt, wie das ohne Regel ist, in der Schwangerschaft oder in Stresssituationen. Wir erleben, wie sich der Zyklus von Frauen, die eng zusammenleben, aneinander anpasst. Manche verbinden damit peinliche Erlebnisse, andere schöne.

Auch den Stress mit der Figur und der Gesichtspflege kennen wir alle. Das Gesicht einer Frau. Es gibt tausend Cremes, Waschlotionen, Reinigungs-Peelings, Rubbelmas-

ken, Packungen, Konturenstifte, Make-up-Grundierungen, Abdeckstifte, Jojoba, Avocado, Glycerol, Biotin und Kollagen. Das ist Stress! Es reicht heute nicht mehr, schön auszusehen! Wir sollen auch jung aussehen, straff, unverbraucht, knackig, zum Anbeißen! Immerhin, kleiner Punkt zur Freude: 1998 wurde angekündigt, dass das brutale Modell »Barbiepuppe« zum Jahrtausendwechsel endlich mehr der Realität angepasst werden sollte, damit nicht immer das Gegenteil passiert und junge Mädchen sich dem Barbie-Ideal anpassen. Die Jahrtausend-Barbie steht endlich auf flachen Füßen, Busen und Hüften werden etwas reduziert, die Taille ein wenig verbreitert. Immerhin. Cellulitis hat auch die der Realität etwas angepasste Barbie nicht, natürlich auch keinen Damenbart, Hühneraugen, Pickel und nicht eine Falte.

Die Schriftstellerin Clarissa Estes erzählte einmal, wie der Chef einer Firma, bei der sie sich um einen Job beworben hatte, im Vorstellungsgespräch meinte, sie mache mit ihrer Figur, Größe 44, den Eindruck, als lasse sie sich gerne gehen und habe ihre Bedürfnisse nicht unter Kontrolle.

Clarissa war geschockt und fühlte sich gedemütigt. Sie machte sich auf die Suche nach ihren Wurzeln. In Südamerika, wo ihre Familie herkommt, wurde sie von den Frauen ihres Stammes herzlich begrüßt, aber noch im selben Atemzug besorgt gefragt, ob man ihr in den USA nicht genug zu essen gebe, sie sehe so schrecklich dünn aus. Frauen sollten rund sein wie Mutter Erde, weil sie viel zu tragen hätten.

Als sie einer Bekannten in den USA davon berichtete, erzählte diese ihrerseits, wie sie jahrelang darunter gelitten hat, einen Schlitz zwischen den Schneidezähnen zu haben. So oft hat man ihr gesagt, die breite Lücke sei Zeichen dafür, dass sie gerne und viele Lügen erzähle. Sie fuhr nach Afrika auf die Suche nach ihren Vorfahren und wurde von ihrem Stamm herzlich empfangen. Bewundernd sagte man mit Blick auf ihr Lächeln, dass auch in ihrem Mund die Weisheit liege.

Essgestörte und magersüchtige Mädchen wollen oberflächlich gesehen dünn sein, aussehen wie Models. Aber eigentlich ist Magersucht eine Form von Hungerstreik. Es trifft sehr oft die ältesten Töchter, die guten Schülerinnen oder perfekten jungen Frauen, die hin- und hergerissen sind, weil sie so viele Rollen auf einmal spielen sollen: Mutter (wie Mama), Ehefrau, Liebhaberin, Karrierefrau (wie Papa), Nachbarin, Schwiegertochter, Freundin. Irgendwann wird ihnen das zu viel, und sie weigern sich, weiter mitzuspielen. Frausein ist ihnen zu anstrengend, total irritierend – und sie weigern sich, Frauen zu werden. Sie wollen die Figur eines Jungen behalten, und auch die Regel setzt wieder aus.

Ich habe Mädchen vor Augen, die nur Brot ohne Kanten essen, Cornflakes und Wassergurken. Und andere, die regelmäßig Fressattacken bekommen. Einige, die nur altes Brot und Reste aus dem Mülleimer essen. Einige, die normal tun und hinterher alles heimlich wieder auskotzen.

Über 85 % der Frauen machen mehr als eine Diät in ihrem Leben, 25 % sind essgestört, und immerhin 1,5 % der jungen Frauen sterben an Magersucht. Auf Jugendfreizeiten geben die Mädchen genauso damit an, wie wenig sie essen, wie die Jungen damit, wie viel sie trinken können.

Zicke

Wer hat das auf ihr T-Shirt geschrieben?
Sie selbst
als Warnung
hier wird viel gemeckert?
Oder ihre Schwester
weil sie das Bad
heute Morgen in Beschlag nahm?
Oder ihr Freund letzte Nacht
weil sie nicht so wollte wie er
was soll das Rumgezicke?
Oder einfach
Zicke
irgendein Modemacher
der junge Mädchen so nennt
sie sieht
und will

dass alle anderen das auch so sehen
Und was sagt er damit
über sich selbst
wenn nicht dass er ein Bock ist?

Kontrolle ist besser –
Körperkult und Fitnesswahn

Neben das Ideal vom gezügelten Appetit ist das vom durchtrainier-
ten Körper getreten und von vielen genauso kritiklos übernommen
worden. Wer Aerobic, Fitnesstraining oder, noch besser, Bodybuil-
ding betreibt, gilt als willensstarke, unabhängige Persönlichkeit.
Ganz so wie eine, die nur einen Salat bestellt, wenn alle Nudeln
essen, oder einen Tee schlürft, wenn andere mit einem Eisbecher
»sündigen«, als diszipliniert und konsequent gilt. Hier geht es
zunächst nicht um die vielen von uns, die gerne tanzen, saunen,
schwimmen oder für ihre Rückenmuskulatur ins Fitnessstudio
gehen. Auch zunächst nicht um die, die auf den Fettgehalt ihres
Essens achten und ihr Gewicht wie ihre Gesundheit im Blick
haben.

Aber es ist nur eine ganz schmale Grenze, die zwischen einem
gesunden Interesse am eigenen Körpergewicht und dem Zwang,
dünner zu werden, verläuft. Eine ganz schmale Grenze auch zwischen der Motivation, mit Vergnügen für den eigenen Körper zu sorgen, und dem Zwang, sich an eine neue Idealfigur anzupassen.
Wenn es plötzlich nicht um Spaß, Freizeit, Genuss und Wohlbefin-
den geht, sondern um ganz andere Gefühle und Motive: Angst vor
Kontrollverlust und Machtlosigkeit, das Bedürfnis, den Körper zu
unterwerfen, die menschliche Natur zu überwinden und Aufmerksamkeit und Respekt zu erzwingen für die eigene Disziplin.

Magersucht und Fitnesswahn haben natürlich viele
Ursachen. Sie sind nicht nur ein individuelles Problem. Es

wird auch von unserer Gesellschaft mitgemacht. Nicht die einzelnen Frauen, die exzessiv Sport treiben oder Diät halten, sind das Problem, das sitzt viel tiefer.

Körperkult und Fitnesswahn sind immer noch (wenn auch nicht ausschließlich) mehr ein Problem von Frauen als von Männern. Sie werden oft nach ihrem Äußeren beurteilt, und ihr eigenes Selbstbild entspricht sehr dem Bild von ihrem Körper. Viele Tests und Umfragen haben gezeigt, dass zum Beispiel eine Frau, die geschminkt ist, im Wettbewerb erheblich größeren Erfolg hat als eine ungeschminkte Frau.

Mit dem weiblichen Körper wird geworben, für alles Mögliche. Frauen lehnen lächelnd an Motorhauben und strahlen uns von Zigarettenreklamen an. Trotzdem lebt in vielen Frauen, dem schönen Geschlecht, aber die versteckte Ansicht, der weibliche Körper sei unrein. Männer seien rational und logisch, Frauen dagegen irrational, impulsiv. Männer erfreuen sich eines »guten Appetits«, Frauen sind schnell zügellos.

Der weibliche Körper, der weibliche Hunger – sie müssen kontrolliert werden, sie haben etwas Gefährliches an sich. Frauen, denen es gelingt, ihren Körper zu be*herr*schen, gelten als erfolgreich. Unsere Gesellschaft hat uns eingetrichtert: Schön ist fit ist auch gut! Und viele glauben diese Formel. Wer im Mini und auf schmerzhaft hohen Absätzen durchs Leben geht, wer gut aussieht und »die Figur hält«, hat (so denken wir automatisch) auch sein Leben im Griff.

Auf den ersten Blick wirkt eine zarte, schwache, abgemagerte Magersüchtige soganz anders als eine muskulöse, starke Bodybuilderin, aber eben nur, solange man davon ausgeht, dass Magersucht etwas mit Gewicht, Diät und weiblicher Eitelkeit zu tun hat. Bei der Magersucht geht es aber letztlich nicht darum, dünner zu werden, und bei der überzogenen Bedeutung, die körperlicher Aktivität zugemessen wird, geht es nicht mehr um Fitness. Bei beiden geht es um Kontrollbedürfnis und das damit einhergehende Gefühl moralischer Überlegenheit.

Natürlich gibt es eine gesunde Sorge darum, was und wie viel man isst, und eine gute Sorge um die eigene Gesundheit und körperliche Fitness. Aerobic-Fanatikerin-

nen, Bodybuilderinnen und Magersüchtige haben auf den ersten Blick mit »normalen« Menschen nichts zu tun. Aber genau wie es viele Frauen gibt, die offiziell nicht als magersüchtig gelten, sich aber im Grunde ähnlich verhalten und ähnliche Ideale und Vorstellungen im Kopf haben, gibt es auch viele Frauen, die mit keiner sehr gesunden Einstellung Aerobic und Krafttraining betreiben. Nur wenige Frauen haben wirklich Übergewicht, aber sehr, sehr viele halten sich für zu dick, sind mit ihrer Figur nicht zufrieden. Die Fitness-Industrie hat die Gewichtssorgen ebenso genährt wie die Diät-Industrie. Das hat mit Gesundheit, Spaß und Körperbewusstsein nichts mehr zu tun.

Auch wenn wir den Sexismus der Medien und der Werbung durchschauen, wenn die Models unwichtig sind, wir unseren Modestil, unsere Kleidergröße und ein gutes Körpergefühl gefunden haben, stehen wir immer wieder mal in der Gefahr, unseren Körper und damit uns selbst abzulehnen.

Was können wir tun, damit uns Körperkult und Diätwahn oder die nächsten Trends, die vielleicht nicht frauenfreundlicher sind als die jetzigen, nicht kaputtmachen? Was würde passieren, wenn Zeitschriften wie »Brigitte« uns nicht immer wieder sagten, wie wir Haare und Fett loswerden, sondern vor allem, wie wir unsere Haarigkeit und Rundlichkeit lieben können? Wie können wir lernen, das zu sehen, was schön ist an jeder von uns? *Das folgende Gedicht entstand, als ich eines Morgens im Winter an der Bushaltestelle wartete, dick eingehüllt in meine warme Steppjacke. Und plötzlich lächelte mich Claudia Schiffer von einem Plakat an, lebensgroß und nur mit BH und Slip bekleidet.*

Ich dachte daran, dass mich meine Winterjacke ungefähr 20 Kilo schwerer aussehen ließ, überlegte, das Plätzchenbacken am Nachmittag abzusagen und stattdessen joggen zu gehen oder eine Diät zu beginnen – und ärgerte mich. Ein paar Tage später las ich in der Zeitung über diese aufwändige Plakatserie, die groß angelegte Werbekampagne und die technischen Tricks, die dem Model mit Traumfigur den Bauch noch etwas dünner, die Beine noch etwas länger und insgesamt die Figur noch perfekter machten, und ärgerte mich noch mehr – über die Werbung, die Ideale verkörpert, an die nicht einmal der Körper eines Models heranreicht.

Wenn schon Models retuchiert werden ...

O guten Morgen Claudia!
Wie golden schimmert heut dein Haar
und durchsichtig ist dein BH
ein wohlgefüllter Wonderbra.
O guten Morgen Claudia!

O guten Morgen Claudia!
Auch du wirst älter jedes Jahr
doch bleibst du ewig jung na klar
wie machst du das nur Claudia?

O guten Morgen Claudia!
Du Model vor der Kamera
bist fast komplett fast wunderbar
nur da ein Pickel da ein Haar
wozu ist der Computer da?
Retuchieren korrigieren medial kurz implantieren
Hüften schmaler Beine länger Mund größer Augen blauer.

Na guten Abend Claudia!
Die Plakate die ich sah
sind also Trug und gar nicht wahr
Na guten Abend Claudia.
Claudia ich frage mich:
Ob du es eigentlich genießt
wenn du dich auf Plakaten siehst?
Und ob es dir den Tag vermiest
wenn du dich dann im Spiegel siehst?

Aber was können wir *positiv* tun, damit wir ja zu unserem Körper sagen lernen? Kein Impulsreferat, kein Buch und keine Diskussion über Körperkult ist so wirksam wie ein gemeinsamer Besuch in der Sauna. Theorie verändert uns nur schwer, aber Komplimente helfen weiter und nackte Tatsachen, wenn die Hüllen fallen.

Wir gehen zusammen in die Frauensauna, schwitzen, duschen, sitzen, abrubbeln, ins Badetuch einmuckeln, ausruhen, Ananas essen und reden. Und hin und wieder ein verstohlener Blick. Da sitzen wir Frauen, die Runden, die Dünnen, die Schlanken, die Übergewichtigen, die Langen, die Kurzen, die mit den Locken und die mit den glatten Haaren, mit lackierten Fußnägeln, Cellulitis, Bauch, Po, Busen, Schwangerschaftsstreifen, glänzenden Nasen, ungeschminkt und nicht verkleidet. Sind wir nicht alle schön?

Einmal sollte jede sagen, was sie an sich selbst am meisten mag. Das war eine schwere Übung! Viel leichter fiel es uns zu sagen, was wir nicht leiden können. Oder was wir an den anderen schön finden, worum wir einander beneiden und mit wem wir gerne tauschen würden.

Eine gute Übung! Und dann Komplimente machen! Was waren wir überrascht: »Echt, du findest meine Nase schön, ausgerechnet meine?« Und: »Was, du hättest gerne meine Haut, besser nicht!« – »Meine Figur? Ich find mich zu dünn …« Und: »Das Problem möchte ich haben.«

Und dann füttern wir uns mit Ananas, legen uns Gesichtsmasken auf und teilen das teure Duschgel, reichen uns gegenseitig das Wasser und fühlen uns gut.

Und zwei gehen nächste Woche zusammen einkaufen und empfehlen den hellblauen Pulli statt den in Olivschlammgrün. Und eine nimmt die andere mit zu ihrer Friseurin. Zwei treffen sich zum Schwimmen. Und hoffentlich bald wieder alle zum Saunen.

6. Mordslust und Mordswut: Frauen und starke Gefühle

Als Prinzessin Diana starb, hielt die Welt den Atem an. Auf allen Kanälen sah man den Tunnel und das kaputte Auto, in dem sie verunglückt war. Die Königin der Herzen war tot. Tausende kamen zu ihrer Beerdigung, 500.000 Briefe und 580.000 Mails trafen im Buckingham Palace ein. Und immer wieder hörte man den Satz: »Sie war eine von uns.« Was nicht stimmte, weil sie so schön, so reich und so berühmt war, wie die meisten von uns wohl niemals sein würden. Was aber trotzdem auch irgendwie stimmte, denn wir fühlten mit ihr. Wir ahnten etwas von dem, was sie durchmachte. Vor allem die Frauen weinten um sie und sagten: »Sie war eine von uns.«

Und sie meinten wirklich etwas Richtiges, denn sie identifizierten sich mit ihr als Ehefrau, als Betrogene, als eine, die sich immer im Griff haben musste, die ihre Gefühle nicht zeigen durfte, weil das als unangemessen, peinlich und hysterisch gilt. Viele lehnten mit ihr die kühle Queen ab, die jedes Zeichen von Gefühl abzulehnen schien. Die signalisierte: »Reiß dich doch zusammen!« Man fühlte mit ihr: Schön war sie, aber essgestört sollte sie sein. Den Prinzen hatte sie geheiratet, aber er betrog sie und sie verliebte sich, und das Traumpaar des Jahrhunderts wurde geschieden, ganz so wie viele andere auch.

Manchmal denke ich, was Männern an Frauen am meisten auf die Nerven geht, ist die Stärke ihrer Gefühle. Leidenschaft wird Sentimentalität genannt, Rührseligkeit, Labilität oder Hysterie. Wie viele Frauen, die einfach traurig waren, wurden zu anderen Zeiten als verrückt oder labil bezeichnet und weggesperrt. Wie viele wurden als überspannt und gefährlich empfunden. Und wie viele werden heute einfach mit Valium ruhig gestellt. In der Mehrheit Frauen. Die in Trauer versinken und nicht mehr aus ihr auftauchen. Die irgendwann die Hoffnung aufgeben, etwas ändern zu können, und am Ende sich selbst. Ich glaube, Traurigkeit ist nicht krank, ist weder zu behandeln noch zu unterdrücken, kann nicht verboten oder aus dem Protokoll gestrichen werden. Traurigkeit ist in dieser Welt oft einfach angemessen.

Die Bibel erzählt von der Tradition der Klagefrauen. Es gab Trauer-, Tränen- und Abschiedsrituale. So bereitete sich Jeftahs Tochter auf ihren Tod vor, indem sie mit ihren Freundinnen in die Berge ging und Abschied nahm. Davon lerne ich vor allem eins: Gefährlich wird die Traurigkeit, wenn sie abgesondert wird. Traurigkeit darf nicht isoliert werden! In der Gemeinschaft mit anderen kann sie ertragen werden. »Sisterhood«, Verschwesterung heißt für mich, mich gerade dann, wenn ich traurig und zornig bin, nicht zurückzuziehen, sondern mich den anderen zuzumuten. Mich nicht zu verstecken, zu verschanzen, sondern mich mit anderen zusammenzutun und über meine Gefühle zu sprechen. Schwestern helfen mir, dass ich mir nicht einreden lasse, ich sei die Einzige und ganz allein mit meinen Empfindungen.

Ich bin manchmal eine starke Frau und manchmal eine schwache. Ich kenne starke Gefühle: Entsetzen, Mitleid, Angst, Hilflosigkeit, Traurigkeit, Wut, Zorn, Neid, Scham, Heißhunger, Hass, Verachtung, Entschlossenheit, Freude, Betroffenheit, Großzügigkeit, Mut, Ausgelassenheit, Sehnsucht, Verletztheit, Zweifel, Übelkeit, Ablehnung, Lust, Tapferkeit. Und Liebe in ihren verschiedenen Farben.

Die Bibel erzählt von einer Frau, die wie viele andere Maria heißt. Sie kommt aus Magdala, damals ein bedeutendes Städtchen am Nordwestufer des Sees Genezareth. Von ihr wird erzählt, dass sie Jesus begegnete und von ihm geheilt wurde, besser: befreit. Wörtlich: »Sie wurde von sieben bösen Geistern befreit.« Sie hatte als besessen gegolten, und zwar heftig, wie die Sieben zeigt, symbolische Zahl für »jede Menge«. Wir können sie uns als eine Frau vorstellen, die sehr wenig Freiheit hatte. Die Verschlossenheit signalisierte, die verstrickt war in ihre Probleme, in ihre Lebensgeschichte. Wahrscheinlich sagten viele: »Die hat nichts im Griff, am wenigsten sich selbst!«

Maria hatte es nicht leicht. Sie galt als krank, als verrückt, überspannt, irre, spleenig, viel zu überschwänglich. Kurz: Sie hatte einen Knall.

Eine christliche Tradition erklärt es so: Sieben Zustände hatten ihr Leben total im Griff. Nicht Maria hatte Gefühle, sondern die Gefühle hatten Maria – hatten sie in ihren Krallen. Maria war gefangen von sieben Besessenheiten: Angst, Beziehungshunger oder Sehnsucht nach Liebe, Scham, Traurigkeit, Wut, Stolz und Neid.

Die Bibel bewertet die Menschen nicht, die diese Gefühle haben. Man hat sie, Frau auch, Maria auch. Gefühle zu haben, auch starke Gefühle, zeichnet das Leben in seiner Tiefe und Höhe aus. Es ist gut, wenn wir starke Gefühle haben und zeigen können. Aber es ist schlecht, wenn diese Gefühle uns haben und uns beherrschen. Maria ist eine Frau, die nicht Herrin über ihre Gefühle ist, sondern von ihnen beherrscht wird. Und das macht sie extrem unfrei.

Aber Jesus erzählte von der Herrschaft Gottes. Und da fand Maria ihr Heil. Mit Jesus lernte sie den einen Herrn kennen, der sie nicht im Griff haben will, sondern sie – liebt. Und sie macht die umwerfende Erfahrung: Wenn Jesus der Herr ist, müssen alle anderen Mächte, Herren, Erwartungen, Besessenheit, Sucht, Wahn, Angst, Scham, Wut, Stolz und Neid mich aus ihrer Herrschaft entlassen. Wo die Herrschaft Gottes proklamiert wird, wie Jesus es getan hat, wo spürbar wird, dass er der Herr ist, da gilt, was er sagt – und die anderen müssen die Klappe halten!

Angst

Maria war besessen von Angst. Angst zu haben ist gut. Ohne sie würden wir Gefahr laufen, uns die Finger zu ver-

brennen, uns den falschen Menschen anzuvertrauen. Wir würden, ohne uns umzugucken, auf die Straße laufen. Wenn wir die Angst im Griff haben, ist sie ein gutes Werkzeug. Sie macht uns vorsichtig und schützt uns.

Aber wenn die Angst mich hat, werde ich unfrei. Angst ist der Freiheitskiller Nr. 1. Aus Angst traue ich mich nicht zu sagen, was ich denke. Aus Angst gehe ich Menschen aus dem Weg. Aus Angst umgebe ich mich nur mit dem, was ich kenne.

In einer Umfrage wurden Männer und Frauen befragt, was ihre größte Angst in Bezug auf das andere Geschlecht sei, etwa so: »Was ist das Schlimmste, was Ihnen angetan werden könnte – von einem Mann bzw. einer Frau?« Die meistgenannte Antwort der Männer hieß: »Ausgelacht zu werden!« Die meistgenannte Antwort der Frauen: »Umgebracht zu werden.«

Angst ist ein Freiheitskiller, und Frauen denken viel häufiger, dass sie in Gefahr sind, als das in Wirklichkeit der Fall ist. Frauen lesen zwar mehr Krimis als Männer, aber sie sind im wahren Leben viel seltener Opfer von Morden. Vor allem ältere Frauen haben oft so große Ängste, dass sie nicht mehr vor die Tür oder unter Menschen gehen können, vor allem nicht nach Einbruch der Dunkelheit. Dabei sind es die jungen Männer und nicht die alten Damen, die am gefährlichsten leben und am ehesten Gefahr laufen, umgebracht zu werden.

Wenn die Angst Frauen im Griff hat und noch weiter geschürt wird, von den Medien zum Beispiel, dann passen wir unser Verhalten der Angst an. Zu bestimmten Zeiten gehen wir nicht mehr an bestimmte Orte oder tragen bestimmte Kleidung nicht mehr. Aus Angst. Im schlimmsten Fall: aus Angst davor, umgebracht zu werden.

Wenn die Bibel erzählt, dass Maria Befreiung von ihrer Angst erlebte, dann meint sie nicht, dass alle ihre Ängste sich auf einmal in nichts auflösten, sondern dass sie ihre Ängste ansehen, verstehen und begreifen – in den Griff bekommen – konnte. Maria erlebte: Die Angst ist da, aber sie ist nicht das Wichtigste. Gott ist größer als die Angst, sogar größer als die Angst vor dem Tod. Am Ende machte es immer weniger aus, ob sie Angst hatte.

Beziehungshunger

Maria war besessen von Beziehungshunger oder der Sehnsucht nach Liebe und Akzeptanz.

Sie wird einer gängigen Tradition nach als Prostituierte bezeichnet. Sie hatte ein echtes Problem mit Männern. Sie liebte – was man so nennt, aber zwanghaft. Sie war abhängig davon, einen Mann an der Seite zu haben, gefangen von dem Gefühl, ohne Mann nicht leben zu können. So stürzte sie sich in eine ungesunde Bindung nach der anderen, ohne jemals wirklich glücklich zu werden. Wir können uns vorstellen, dass sie sehr viel Erniedrigung und Verletzungen erlebt hat.

In der Begegnung mit der großen Liebe Gottes stellt sie fest: Echte Liebe ist ihrem Wesen nach frei, sie zwingt niemals, sie benutzt keine Gewalt, sie erniedrigt nicht, sondern sie baut auf, sie wirbt und schützt. Sie respektiert dich. Sie schenkt dir Freiheit.

Die Sehnsucht nach Beziehung ist ein wichtiges und gutes Gefühl. Es hilft uns, auf andere zuzugehen, uns auf andere Menschen einzulassen, Gemeinschaft zu erleben. Wenn du die Sehnsucht hast, wirst du um andere werben, sie aufbauen, sie schützen, ihnen Geborgenheit und Sicherheit geben, du wirst sie fördern.

Aber wenn die Sehnsucht dich hat, wirst du besitzen wollen, halten, zwingen, an dich binden, notfalls Gewalt gebrauchen – und an dich reißen, was dir niemals gehört.

Maria macht die Erfahrung: Jeder Mensch ist liebenswert, unabhängig von der Liebe anderer. Sie wird niemals einen Menschen besitzen! Und sie selbst wird niemandem gehören. Denn sie gehört Gott.

Scham

Adam und Eva werden im Paradies als nackt und ohne Schamgefühle bezeichnet. Ganz so, als wäre die Scham erst nötig geworden, als die Bedrohung des Lebens in die Welt kam.

Wenn die Scham dich im Griff hat, bist du dir am Ende selber peinlich. Dein Schamgefühl wird zu einem ständigen Schuldgefühl, wo gar keine Schuld ist. Und du meinst, du müsstest dich dafür entschuldigen, auf der Welt zu sein. Deine falschen Hemmungen hindern dich weiterzugeben, was du zu sagen, anderen zu geben hast.

Aber was wir sind, was wir können, unsere Meinung, Begabung, Biographie, Erfahrung, Ideen, Gefühle und Gedanken, unser Äußeres und Inneres sind wertvoll und nichts, wofür wir uns schämen müssten.

Die Scham hilft uns, uns so zu öffnen, dass wir dabei heil bleiben. Sie hilft uns, dass wir uns am richtigen Zeitpunkt und am richtigen Ort hingeben, uns weder verstecken noch verschleudern. Die Scham ist die Scheu, die uns davor beschützt, dass andere uns »in die Seele latschen«, sich über uns hermachen, über unseren Körper, unsere Seele, unseren Geist.

Maria merkt in der Nähe Jesu, dass sie zu sich selbst ja sagen kann, weil einer mit seinem großen, ursprünglichen Ja zu ihr steht. Sie kann unabhängig werden von der Meinung anderer Menschen, ohne dass die ihr damit völlig egal würden.

Ich kann mich gut mit Maria identifizieren; mit dieser Frau, die so verstrickt ist in Bindungen ihrer Lebensgeschichte. Die immer ängstlich und verschämt schielt, was andere tun und denken.

Es muss Jesus das Herz zerrissen haben, sie so zu sehen. Seit ich Christin bin, bete ich oft mit den folgenden Worten: »Gott, wie hast du mich wohl gemeint, als du mich geschaffen und mich zu dir gerufen hast? Was hattest du für eine Idee, Jesus? Ich wünschte, ich wäre dieser Idee wenigstens ein bisschen ähnlich.«

Maria war so weit davon entfernt gewesen, frei und glücklich, ursprünglich und heil zu sein. Sie war von dunklen Mächten beherrscht gewesen, wie kein Mensch sein soll. Bis Jesus mit der Macht der Liebe in ihr Leben kam und alles erneuerte.

Zorn

 Wut ist in dieser Welt manchmal eine Reaktion, die sehr angemessen ist.

Manchmal schreit die Ungerechtigkeit zum Himmel, und es ist angemessen mitzuschreien.

Aber wenn der Zorn dich hat, dann bist du gereizt, überempfindlich, kleinlich, angespannt – andauernd, und ohne dass du es willst, streitsüchtig. Egal, was passiert, jeder Anlass kann das Fass zum Überlaufen bringen. Die anderen sind entweder zu freundlich oder zu unfreundlich, beachten dich zu sehr oder zu wenig – richtig machen kann in dem Zustand niemand etwas. Wenn der Zorn uns im Griff hat, dann bestimmt er unsere Schritte. Wir reagieren wütend, marschieren einfach weg, wenden uns ab, schneiden den Gegenstand unseres Zorns und behandeln ihn wie Luft.

Von Jesus selber wird berichtet, dass er Tränen des Zorns weinen konnte. Dass er im Tempel aufgebracht die Tische der Händler umwarf, weil das Haus Gottes ein Ort für das Gebet sein soll und kein Marktplatz. Jesus veränderte den Umgang mit der Wut: Er pflegte den Zorn nicht, er ließ die Wut nicht in sich wachsen, er nährte sie nicht, sondern ließ sie heraus und äußerte seinen Zorn.

Sich den Zorn von der Seele zu schreien kann eine Lösung sein, wenn unser Gegenüber den Zorn akzeptiert und angemessen schuldbewusst reagiert. Wenn unser Gegenüber aber unserem Zorn die Berechtigung abspricht, wenn er/sie sich weigert, sich zu entschuldigen, wenn wir kalt lächelnd stehen gelassen werden oder man uns ignoriert – dann kann der Zorn zur Wut und die Wut brutal werden. Wenn die Wut uns im Griff hat, sind wir vollkommen mit uns und mit möglicher Rache beschäftigt. Wo der Zorn offen geäußert wird, muss er nicht mehr indirekt aggressiv weiterbrodeln.

Maria wird in der Nähe Jesu aus ihrer Konzentration auf sich selbst befreit. Sie braucht nicht mit einem ständigen Stimmungsbarometer ihre Befindlichkeit zu messen. Ihre Wut, ihre Enttäuschung und ihr heiliger Zorn werden zu einer Energie, die denen hilft, die selber zu schwach sind zum Zornigwerden.

Wenn die Armut, die Unterdrückung, der Schmerz zum Himmel schreien, bleiben wir damit nicht alleine. Jesus zeigt uns, dass wir klagen und beten und die Wut mit Gott zusammenbringen können.

Traurigkeit

Wenn die Traurigkeit uns in ihrem Griff hat, werden wir unseres Lebens nicht mehr froh. Von der Traurigkeit beherrscht zu sein, in Depression zu versinken, ist wirklich schrecklich. Traurigkeit ist selten ein Grund für Mord, aber einer der häufigsten Gründe für Selbstmord.

Die Befreiung bedeutet nicht etwa, immer fröhlich zu sein, nie mehr zu weinen und nur noch die positiven Seiten des Lebens zu sehen. Traurigkeit ist nicht krank, muss weder behandelt noch unterdrückt werden, weggesperrt oder isoliert. Traurigkeit soll nicht mit Valium und auch nicht mit Schokolade verdrängt werden. Traurigkeit ist in dieser Welt oft einfach angemessen.

Maria erlebt bei Jesus, dass sie weinen darf und er sie verteidigt. Vor den Männern, die das völlig unangemessen oder unangenehm finden. Sie weint über den bevorstehenden Tod von Jesus. Sie weint, küsst seine Füße, trocknet sie mit ihrem Haar. Was müssen die anderen gedacht haben! Was hätte die Queen gesagt?! Das stand nun wirklich nicht im Protokoll, das war vollkommen unangebracht. Jesus bestätigt sie und sagt allen, dass ihre Trauer genau zum richtigen Zeitpunkt kam und Marias Liebeszeichen ihn auf seinen Abschied und Tod vorbereitet hat.

Marias Traurigkeit ist keine Niedergeschlagenheit mehr. Niemand darf sie schlagen oder niederwerfen. Sie steht gerade und Gottes Liebe stärkt ihr den Rücken.

Stolz

Wenn der Stolz uns in seinen Fängen hat, Größenwahn, Geltungsbedürfnis, Maßlosigkeit, erheben wir uns über andere. Dann können wir denken, wir seien besser als andere, fleißiger, schöner, disziplinierter, erfolgreicher, beliebter.

Oder wir erheben uns über die Alltäglichkeit dieser Welt und meinen, wir seien die Ausnahme von der Regel, etwas Besonderes, und schaffen uns damit eine Sonderlücke, eine ewige Ausrede.

Maria lernt im Licht der ewigen Liebe Gottes, dass sie ein ganz besonderer Mensch ist und dass das für jeden Menschen gilt. Sie wird von ihren bösen Geistern geheilt, in eine Gemeinschaft hinein geheilt. Sie ist nicht länger besessen von sich selbst, weder fasziniert noch gebannt. Sie wird frei, sie selbst zu sein, gerade zu stehen, und sie wird frei, für andere da zu sein und mit ihnen ihr Leben zu teilen.

Neid

Wenn der Neid uns beherrscht, Undank, Geiz oder Bitterkeit, werden wir uns immer vergleichen. Wir führen dann innerlich Buch darüber, was uns fehlt. Neid macht undankbar, das ist das Bittere an ihm. Am Ende sehen wir nur noch, was uns fehlt, und nicht mehr, was wir haben. Wir sind nicht mehr dankbar für unsere Möglichkeiten, Stärken und Erfahrungen, sondern sehen nur noch die anderen – und was die haben, erscheint immer attraktiver als das, was wir haben.

Der Neid kann uns vergiften. Denn er bewirkt, dass wir in anderen nicht mehr die Ergänzung sehen, Menschen, die wir brauchen und die uns brauchen. Deshalb stört der Neid jede Gemeinschaft. Wo Neid herrscht, gibt es viel üble Nachrede, bösartiges Getratsche, da werden Gerüchte in die Welt gesetzt.

Maria – ich – merkt an der Liebe Gottes: Es ist alles da, was wir brauchen. Genug, ja weit mehr als genug. In der Nähe von Jesus, in seiner Gemeinschaft merkt Maria, dass überhaupt nicht nach weltlichen Maßstäben geguckt wird, was dir fehlt oder was du bringst. Nur die Liebe zählt. Die Treue Gottes zu den Menschen.

Als ich einmal nicht mehr aufhören konnte zu heulen

Plötzlich kam die Trauer
über mich wie ein Regenguss
und mein ganzer Körper weinte
bebte wie die erschütterte Erde
und ich zitterte meine ganze Unruhe heraus

Du nahmst meine Hand
aber ich wandte mich ab
Hast du ein Taschentuch?

Plötzlich zogen mich Bilder in die Tiefe
die alten Geschichten aus der Vergangenheit
die Strömung riss mich mit sich fort
und mein Herz in viele Teile
an Land gespült blieb ich liegen
und hatte keine Kraft mehr aufzustehen

Du hieltest meine Hand
und sahst mir in die Augen
aber ich weinte doch nur weiter
die nächste Welle riss mich wieder mit sich fort

Als ich einmal nicht aufhören konnte zu heulen
sagtest du
weinen ist doch nicht blöd
du bist nicht zu emotional
Tränen sind nicht ein Zeichen von Schwäche
du sagtest
weinen ist
in dieser Welt
weinen ist
 in dieser Situation
einfach angemessen

7. Nicht ohne meine Mutter: Vorbilder

Meine Mutter

Ich glaube, dass die Solidarität mit meiner eigenen Mutter eine wichtige Voraussetzung für die Solidarität mit anderen Frauen war. Als ich anfing, mich nicht mehr von ihr abzugrenzen, sondern unsere Zusammengehörigkeit zu entdecken, zu akzeptieren und schließlich zu genießen, konnte ich die Unterschiedlichkeit der Frauen insgesamt, ihre jeweiligen Schwächen und Stärken als Bereicherung wahrnehmen.

Vor ein paar Jahren wurde meine Mutter schwer krank. Das war ein vollkommen ungewöhnlicher Gedanke, weil sie immer so fit gewesen war und ich mich nicht erinnern kann, sie jemals auch nur mit einer Grippe erlebt zu haben. »Krebs« – die Diagnose, die Krankheit, Operation, Therapie, Perücke und dann doch noch mal Erholung. Seit dieser Zeit telefonieren wir beide frühmorgens, wenn alle anderen noch schlafen. Wir plauschen, reden über nichts Schweres, Großes, Kompliziertes, wir vergewissern uns nur, dass wir uns haben, lieb haben.

Meine Mutter und ihre beste Freundin waren die einzigen Mädchen aus ihrem Dorf, die in den 60er-Jahren »studieren gingen«. Das war dort damals etwas Besonderes. Mit einer Mischung aus Neid und Argwohn ließ man sie ziehen. Meine Mutter wurde Lehrerin.

Als ich 16 war, erfuhr ich zufällig, dass sie ein sehr gutes Examen gemacht hatte und sehr engagiert war, so dass man meinte, sie werde bestimmt mal Direktorin. Als ich 18

war, erfuhr ich ganz nebenbei, dass sie Gitarre spielen konnte und mal Klavierunterricht hatte. Ich hatte sie nie spielen gesehen und immer für unmusikalisch gehalten.

Viele andere Dinge erfuhr ich später, und ich frage mich oft, wie viel mir noch verborgen ist und wie viel sie selber vielleicht schon vergessen hat.

Meine Mutter hat dann keine Karriere in der Schule gemacht, sondern ist Ehefrau, Pfarrfrau und Mutter von drei Töchtern geworden. Sie hat nicht 30 Kindern pro Klasse Zensuren gegeben und sie auf das Leben vorbereitet, sie hat uns drei Töchtern Liebe ohne Bedingungen und Hingabe vorgelebt, Solidarität und Hilfsbereitschaft. Fröhlicher als die meisten Menschen, die ich kenne, hat sie natürlich und selbstverständlich gezeigt, was ihr die Liebe Gottes bedeutet. Sie hat uns so oft getröstet und ist immer eingesprungen, wenn wir sie brauchten.

Auch wenn ich heute ganz anders lebe – wie könnte ich ihr Lebenskonzept jemals schlecht finden? Wo ich so sehr davon profitiert habe? Manchmal frage ich mich, ob sie wirklich zufrieden ist, ob sie sich nicht ausgenutzt fühlte. Aber wenn ich sie ansehe, spüre ich ihr Stolz und Würde ab. Dass ihr Lippenstift und Minirock wirklich gar nicht fehlen, dass sie weder gerne Auto fährt noch Diskussionen leitet, dass sie überhaupt nicht viel redet, kein eigenes Konto hat, geschweige denn ein eigenes Gehalt, macht sie weder langweilig noch unbeholfen.

Was habe ich von ihr gelernt? Warum ist sie ein Vorbild für mich?

Vererbt und mitgegeben hat sie mir einen tiefen Sinn für den Jahreszyklus und das Kirchenjahr. Im Sommer gab es Obst und Gemüse, und es wurde eingekocht, zum Beispiel Marmelade für den Winter. Niemals hätte es bei uns zu Hause im Dezember Erdbeeren gegeben. Ab und zu kamen die Cousinen aus ihrem Heimatdorf und brachten Erbsen, Bohnen, Kürbisse mit. Ich habe gelernt, dass man nicht immer alles haben kann, dass wir etwas kaufen, wenn es in unserer Gegend reif ist, und nicht, weil man es die 10 000 Kilometer von der anderen Seite der Welt nach Deutschland transportiert hat und wir das Geld haben, um es zu bezahlen.

Am Karfreitag hätten niemals Osterglocken in der Vase gestanden, sondern Disteln oder Dornen als Symbole für die Trauer über den Tod Jesu. Ostersonntag allerdings war unser Haus dann bunt geschmückt mit Blumen, Frühlingsbildern, Ostereiern. So wurde die Freude über die Auferstehung sichtbar. Im Advent sah das Haus von Sonntag zu Sonntag festlicher aus. Meine Mutter nannte es »ihr Weihnachts-Chaos« und baute nach und nach Krippenfiguren und ein ganzes Heer von Engeln auf, hängte Sterne in die Fenster und schmückte schließlich einen großen Tannenbaum mit Kugeln und Lichtern.

So gab sie jeder Zeit im Jahr ihre eigene Note. Ganz bewusst erlebten wir die Jahreszeiten und ich lernte: Zeit ist nicht gleichgültig, es gibt heilige Tage und besondere Momente im Jahr, die besondere Aufmerksamkeit brauchen.

Auch Geburtstage wurden aufmerksam bedacht. Nicht nur wir Kinder, sondern alle Verwandten, Nachbarn, Freundinnen und Freunde bekamen Geburtstagspost. Meine Mutter hat mir den Rhythmus, die Regelmäßigkeit von Sonntag und Alltag, von Feiern und Arbeiten beigebracht. Sie hat mir vorgelebt, mich unterbrechen zu lassen und nicht »immer so weiter« zu arbeiten, zu leben, zu konsumieren.

»Vererbt« und mitgegeben hat sie mir die Solidarität und die bedingungslose Verteidigung derer, die man liebt. Sollen Lehrer sagen, was sie meinen – eine Mutter steht zu ihrem Kind. Sollen Schwiegersöhne denken, was sie wollen – eine Mutter unterstützt ihre Tochter. Meine Mutter, so höflich und keine Rednerin, zurückhaltend, wie sie war: Aber wenn jemand etwas Entwürdigendes über eine(n) von uns sagte oder lieblos war, konnte sie fuchtig werden!

»Vererbt« und mitgegeben hat sie mir auch die Gastfreundschaft. Ob es ein Obdachloser war, der klingelte und etwas Geld und ein Butterbrot haben wollte, oder der Anlass für eine Familienfeier, eine Frau mit Problemen, die eine Tasse Kaffee brauchte, Kaffeeklatsch mit Freundinnen, Arbeitsessen – das Besondere daran war nicht die Kochkunst oder die Phantasie, es war immer die Freude, die sie daran hatte, Leuten einen schönen Moment, einen gelungenen Abend, ein unvergessliches Fest zu bieten.

»Vererbt« und mitgegeben hat sie mir die Liebe zu Gott. Ihr Gottvertrauen hat immer schon für andere mitgereicht. Für ihre blinde Mutter und ihre körperbehinderte Schwester, für viele Menschen aus der Gemeinde, in der mein Vater Pfarrer war. Sie trägt viele Menschen mit, gibt ihnen Hoffnung weiter, macht ihnen Mut, sagt ihnen die Wahrheit, verleiht ihnen Kraft. Sogar als sie vor einigen Jahren so schwer krank wurde, hatte sie selbst am meisten Zuversicht und Rückgrat. Ihre Gebete und ihre Tapferkeit, ihre große Freude über kleine Dinge berühren mich, ihre Dankbarkeit, ihr Staunen über die Güte und Großzügigkeit Gottes. Meine Mutter hat mich in ihrem Bauch getragen, hat mich immer weiter ertragen, getragen, trägt mich bis heute und macht mir das Leben dadurch leichter. Ihr Gottvertrauen und ihre Liebe haben mir, seit ich ein Kind bin, vermittelt, dass ich gewollt bin, geliebt, erwünscht, dass ich wie jeder Mensch meinen Ursprung in Gottes Idee vom Leben habe.

Sojourner Truth

Immer wieder bin ich auf der Suche nach ermutigenden Geschichten, nach vergessenen Erlebnissen und alten Beispielen. Es müssen nicht die berühmten Frauen sein, manchmal sind es die Lebensgeschichten von kleinen, unbekannten Personen, die mich berühren und in Bewegung bringen.

So habe ich auch die Lebensgeschichte von Sojourner Truth entdeckt. Sie war eine schwarze Sklavin und arbeitete als Hausmädchen. Nach dem, was man darüber lesen kann, muss es eine sehr erniedrigende Arbeit gewesen sein. Eigentlich hieß Sojourner Truth Isabella Baumfree. Sie wurde berühmt, als die Revolution,  die Sklavenbefreiung in den USA, und die Frauenbewegung vorangingen. Irgendwann hat sie angefangen, mitzumachen in diesen beiden Bewegungen für mehr Gerechtigkeit. Sie hat gesagt: »Sorry, ihr lieben schwarzen Männer, Brüder, für euch hat sich vielleicht etwas zum Guten, zur Gleichberechtigung verändert, aber für uns schwarze Frauen noch gar nichts.« Und sie hat gesagt: »Sorry, ihr lieben weißen Frauen, Schwestern, für euch hat sich vielleicht etwas zum Guten, zur Gleichberechtigung verändert, aber für uns schwarze Frauen noch gar nichts.«

Sie hat immer gesagt, dass Gott ihr den Mut gab, aufzustehen und zu protestieren. Weil Gott der Befreier ist. Weil Gott die ganze Menschheit geschaffen hat: Schwarze und Weiße, Männer und Frauen. Als sich Isabella Baumfree taufen ließ, nannte sie sich »Sojourner Truth«, was so viel bedeutet wie »unterwegs für die Wahrheit«. Ihr neuer Name sollte ihr Lebensprogramm werden.

Mutter Teresa

Neben den Geschichten von »kleinen«, unbekannten Menschen brauchen wir auch die von bekannten und berühmten. Von Frauen, die aus gutem Grund weltberühmt wurden. Wie war das zum Beispiel bei Mutter Teresa? Diese kleine, hutzelige Frau wurde ja nicht als 80-jährige Nonne in den Slums von Kalkutta geboren! Sie kam aus Europa, aus Skopje in Mazedonien. Irgendwann hörte sie etwas von Jesus, und das veränderte ihr Leben radikal.

Sie wurde Ordensschwester, ging nach Dublin, anschließend in den Himalaja in ein Kloster, dann erst kam sie nach Kalkutta. Aber da wurde sie zunächst einmal Lehrerin an einer Schule für »höhere Töchter« und später Direktorin. Direkt hinter der Schule lag ein Slumviertel. Mutter Teresa verschloss nicht die Augen und fing an, Fragen zu stellen: »Warum gibt es Slums? Warum sterben Menschen auf der Straße? Warum verhungern in dieser Welt Kinder?« Und wenn sie betete, fragte sie sicher auch: »Gott, warum lässt du das zu?« Ich war nicht dabei, aber er muss so etwas geantwortet haben wie: »Teresa, das wollte ich dich auch gerade fragen!«

Und da ging sie los, hin zu den Problemen. Sie verließ das Kloster und fing an, die Kinder auf der Straße zu unterrichten, und es wurden immer mehr. Sie organisierte Essen, sie bettelte, und schon nach ein paar Monaten hatte sie so viele Helferinnen, dass sie einen neuen Orden gründete: den Orden der »Missionarinnen der Nächstenliebe«. Ihre Schwestern verpflichten sich, den Ärmsten der Armen von ganzem Herzen und ohne Gegenleistung zu dienen.

In Kalkutta richtete Mutter Teresa die so genannten Sterbehäuser ein, in denen todkranke Menschen aus den Elendsquartieren und von der Straße ein Bett, medizinische Betreuung, Essen und Zuwendung bekommen. Sie hat viele tausende Kinder adoptiert, um ihnen ein hoffnungsloses Leben in den Slums zu ersparen.

Einmal soll eine große Schauspielerin Mutter Teresa besucht haben. Ja, die kleine alte Schwester hat die Großen der Welt fasziniert! Wohl, weil sie das Richtige tat und dabei so glücklich wirkte. Diese Schauspielerin sah das Elend der Slums, die harte Arbeit der Schwestern, die vielen Kinder, die Kranken und Sterbenden und sagte: »Nicht für hunderttausend Dollar würde ich hier arbeiten.« Mutter Teresa antwortete: »Für hunderttausend Dollar würde ich hier auch nicht arbeiten.« Ja, auch ihr Glaube, ihre Liebe zu Gott und den Menschen, die so sichtbar, so überzeugend, so glaubwürdig war, faszinierte und ermutigte viele.

Sie und wir alle

Wir brauchen alle Vorbilder. Menschen, die uns und anderen eine Vorstellung davon geben, wie das Leben gelingen kann, wie man eigentlich glücklich wird.

Vorbilder sind Menschen, die Ziele haben und andere dafür gewinnen können. Die Menschen inspirieren und mitreißen. Für mich sind Vorbilder zum Beispiel Menschen, die dankbar, aufmerksam, großzügig, zurückhaltend, treu

100

und ehrlich sind. Die die richtigen Fragen stellen und wirklich nach Antworten suchen, zuhören und den Sachen auf den Grund gehen. Die einen weiten Horizont haben. Die ihre Gaben kennen und einbringen. Die andere nicht in Schubladen stecken, sondern offen sind für neue Begegnungen. Die Frieden stiften, Träume haben, menschlich bleiben.

Menschen, die etwas bewirken: Ich denke an die Gebete meiner beiden Großmütter. Und an die Bilder von Künstlerinnen, die Bücher von Schriftstellerinnen, die Lieder von Sängerinnen. Die Erfahrungen der Alten, die Hoffnung und Neugier der Jüngeren. Meine afrikanischen Schwestern und ihre vierstimmigen, volltönenden Lieder vom Frieden. Die erste Ministerin, meine Ärztin. Politikerinnen, Königinnen, Philosophinnen. Die vielen kleinen Geschichten, die von ihnen erzählen, und die großen Ideen. Wissenschaftlerinnen, Forscherinnen, Entdeckerinnen. Kämpferinnen, Heilige. Schwestern, Freundinnen, Tanten, Lehrerinnen, Kolleginnen, Nachbarinnen – sie alle, wir alle können Vorbilder füreinander sein.

ich bin eine Frau

ich bin eine Tochter
die erste Seite
aus meinem Lebensbuch
meine Mama ein Engel
so liebevoll
mein Papa ein Held
so toll
Mamas Schürze, Küsse, Lachen
Papas Geschichten
träumen und Mut zu machen

ich bin eine Schwester
meine vertraute Seite
mein Lebensbuch erzählt von
meinen beiden Nächsten, Liebsten
neue Schuhe kaufen Kissenschlacht

im Kino weinen oder wenn es kracht
wenn eine Fehler macht
und man am Ende
doch zusammen lacht

ich bin eine Freundin
meine überlebensnotwendige Seite
zuhören die anderen verstehen
offene Türen
Gespräche führen
wissen und fragen
streiten vertragen

ich bin eine Partnerin
meine erfüllte Seite
alles teilen
wachsen heilen
niemals stören
zusammengehören

ich bin eine Predigerin
meine aktive Seite
Bibel kostbares Buch
immer viel Besuch
Gott nicht wegzudenken
gerne Geschichten schenken
sprechen weil Gott ruft

ich bin keine Mutter
verletzliche Seite
kleines Wesen
nie da gewesen
nie geboren nie gestillt
nicht jeder Wunsch ist erfüllt

ich bin eine Patentante
meine überraschende Seite

kleines Mädchen
ich wünsche dir
dass du gerne eine Frau wirst
mit vielen Seiten
ich mag sie alle
sie erzählen die Geschichte
meines Lebens

ich bin dein ich gehöre dir
mein Gott
auf meine allerletzte Seite
in meinem Lebensbuch
schreibst du dein Happy End
und heißt mich am Ende willkommen
bei dir zu Hause
und ich bin
in deinen Armen vollkommen

8. Ewige Liebe: Das größte Glück in Gott finden

Warum ich Christin bin

Nach den vielen Geschichten von Frauen und Freundschaft möchte ich zum Schluss von der Begegnung mit einer alten, schwarzen Frau erzählen, die zu den wichtigsten Erfahrungen in meinem Leben gehört.

Ich bin als Pfarrerstochter aufgewachsen, und der Glaube an Gott hatte immer zu meinem Leben dazugehört. Die christlichen Feste und die Fragen nach Sinn und Ewigkeit erschienen mir bedeutsam, mein eigener Glaube erschien mir Glück verheißend. Aber als ich aus meinem Elternhaus auszog, änderte sich vieles. Und schließlich wurde das alles auf den Kopf gestellt:

Es war in Südafrika, mitten in einem Slum. Behütet, wie ich aufgewachsen war, fiel es mir leicht zu glauben, dass Gott uns beschützt. Aber in diesem Elend, in dieser ungerechten Welt kam mein Glaube an seine Grenzen und zerbrach. Ich merkte: Mein Kinderglaube war klein und begrenzt auf gute Tage in einer heilen Welt gewesen. Aber wo war Gott zwischen diesem riesigen Reichtum und dieser entsetzlichen Armut? Zwischen Krokodil-Leder-

schuhen und Kindern, die barfuß liefen? Schwarzwälder Kirschtorte und Hunger? Villen mit Parks und Limousinen und Wellblechhütten? Wie passte Rassismus in Gottes

Schöpfung? Wie konnte sich die Welt so weit von dem entfernen, was Gott sich gedacht hatte – und wie konnte er das zulassen?

An diesem Tag im Slum war ich jung und allein und sehr zornig und hilflos. Ich war unglücklich und wusste nicht, wie ich in dieser Welt weiterleben, was ich tun sollte.

Da kam ich an einer Hütte vorbei, in der eine alte Frau lag. Sie war seit Jahren gelähmt, sagte man mir. In der Hütte waren überall schwarze, dicke Fliegen. Ich dachte: »Liebe gibt es nicht, die Welt ist lieblos. Gnade gibt es auch nicht, wir Menschen sind gnadenlos. Diese Welt ist nicht zu retten.«

Die alte Frau sagte: »Schön, dich zu sehen, Lady. Dich hat sicher Gott hierher geschickt.« Und ich sagte mit meiner ganzen Wut: »Gott? Der ist ja wohl nicht hier.«

Ich werde nie ihre Antwort vergessen und wie sie strahlte: »Deinen weißen, lächelnden Helden wirst du hier nicht finden. Aber kennst du Jesus?«

Mitten im Ghetto, in einer Blechhütte auf heißem Sand, weit weg von zu Hause, bin ich Gott begegnet, so überraschend. Diese alte Frau hatte Gott vor Augen. Anders, total anders, als ich Gott kannte. Jesus, der weint und lacht, leidet und kämpft. Das war kein billiger Trost; diese Frau war stark. Jesus zeigte ihr, dass Gott weiß, was es heißt, ein Mensch zu sein. Seine Solidarität und seine Hingabe, sein Leben, sein Tod und seine Auferstehung haben ihr geholfen, ihr Leben als Gnade zu sehen. Sie war nicht das, was wir sonst begnadet nennen, sie war ganz am anderen Ende der Skala. Aber sie war glücklich, sie hatte ihr Heil gefunden. Und sie hatte Power, sie gab sich nicht zufrieden, ihre Liebe zu Jesus gab ihr die Kraft, für die Menschen in diesem Slum da zu sein.

Jesus erreicht unsere Seele. Unsere großen, brennenden Fragen. Manchmal lese ich die Bibel und denke: »Das wurde nur für mich aufgeschrieben. Das ist meine Geschichte!« So ging es mir mit einer Passage von der Begegnung zwischen Jesus und einer Frau: Ein Erlebnis mit Jesus, nicht in einer Blechhütte, sondern an einem Brunnen. Ein Gespräch, das alles verändert. Eine Geschichte wie meine eigene: eine Frau, traurig, suchend, hilflos, verletzt, neidisch, einsam, einseitig, wütend, misstrauisch gegenüber Gott wird durch die Begegnung mit Jesus verändert.

Sie wird ein Mensch, der sich der Liebe Gottes anvertraut und erlebt, was Freiheit ist, Geborgenheit, Gemeinschaft, Versöhnung, Trost.

Jesus sitzt an einem Brunnen und ruht sich aus. Es ist heiß. Um diese Zeit kommt niemand, um Wasser zu holen. Normalerweise. Aber diesmal ist es anders. Jesus runzelt die Stirn: Da kommt eine Frau, sie trägt einen Krug auf dem Kopf. Aber wieso kommt sie um diese Uhrzeit? In der Mittagshitze? Das ist doch viel zu anstrengend. Außerdem ist es langweilig. Normalerweise gehen die Frauen aus dem Dorf immer alle zusammen zum Brunnen, dann kann man Neuigkeiten austauschen. Jesus begrüßt sie. Er sieht sie an. Aber er ist nicht der Typ, der oberflächlichen Smalltalk macht. »Schönes Wetter heute, ganz schön heiß, wie geht's? So allein hier? …«

Deine Haut ist ja nichts Schlechtes. Sie ist nur nicht deine Seele. Deine Oberfläche ist vergänglich, zufällig, du kannst sie verhüllen oder anmalen, verteidigen. Aber sie ist nicht dein Herz, dein Sinn, dein Ziel. Wo gibt es mehr als Oberflächliches? Wer kann unsere Seele erreichen? Wer kann unsere tiefen Fragen beantworten? Wer kann uns befreien und erlösen?

Ich stelle mir vor, dass er die Frau fragt: »Hast du Durst? Kann ich dir vielleicht etwas zu trinken anbieten?« Und sie reagiert oberflächlich: »Du hast ja nicht mal einen Eimer oder einen Becher. Also, wie stellst du dir das vor?«

Und Jesus sagt: »Ich gebe dir Wasser des Lebens. Wenn du davon trinkst, wirst du nie wieder Durst haben.« – »Ach«, hätte die Frau vielleicht heute geantwortet. »Was ist das – so eine Art Cola, die dich wieder munter macht? Wasser des Lebens – kennst du Asterix und Obelix? Die haben so eine Art Zaubertrank. Sorry, aber worüber redest du eigentlich?«

Vielleicht fragt Jesus weiter: »Bist du glücklich?« Guckt dich an und fragt: »Wie kann eine Frau, die sich nach Anerkennung sehnt, die darauf hofft, endlich ihr Glück zu finden – wie kann so jemand fröhlich werden? Wie kann ein Mensch, der nach Bestätigung lechzt, erfrischt werden, großzügig und herzlich?«

Die Frau hat das Gefühl: Jesus sieht mir direkt ins Herz. Er kennt mich. Er kennt meine unerfüllte Sehnsucht. Meinen Lebensdurst. Alles in mir sehnt sich nach – ja, was?

Ich weiß nur, dass ich einen riesigen Durst habe. Einen großen Wunsch, dass endlich alles gut wird. Dass endlich einmal alles Sinn macht. Sie sagt: »Gib mir von dem Wasser!«

»Ja!«, sagt Jesus. »Aber hol doch auch noch deinen Mann. Dann kann der auch was trinken.« – »Ich hab keinen Mann«, will die Frau kurz ablenken. Ende der Diskussion. Stimmt aber nicht. Männer spielen eine große Rolle in ihrem Leben. »Alles in Ordnung bei mir, kein Problem.«

Jesus sagt: »Ist es nicht eher so, dass du schon ganz viele Männer hattest?« Jetzt weicht die Frau nicht mehr aus. Nun unterhalten sich die beiden über ihre Lebensgeschichte. Ich stelle mir vor, wie Jesus zu ihr sagt: »Du bist immer wieder in entwürdigende Verhältnisse geraten. Du hast immer wieder Pech gehabt: Mit dem ersten Freund hat es nicht geklappt, bist du schnell an den zweiten geraten. Der war auch nicht besser. Aber ganz ohne Mann, das konntest du dir auch nicht vorstellen. Immer wieder die gleiche Falle, der alte Schmerz, die nächste Enttäuschung – dann ging die Suche von neuem los, mit gleichem Ergebnis. Sie haben dich nicht glücklich gemacht, deine Freundschaften und Liebeleien, der Sex nicht, die Nähe nicht, die Abhängigkeit nicht. Du hast zu viel von ihnen erwartet. Kein Mensch kann auf Dauer einen anderen, der nicht selber glücklich ist, glücklich machen.«

Ihre vielen Beziehungen machten diese Frau doch nur einsamer. Sie war eine Außenseiterin. Sie hatte wohl keine Freundinnen und keine Schwestern. Sie war im Grunde allein. Und was das Schlimmste war: Sie wusste, sie war mit daran schuld. Sie hatte sich verrannt.

Jesus erreicht ihre Seele. Deckt ihr Problem auf: die Sehnsucht, geliebt zu werden. Diese Sehnsucht nach Glück, die einen auffressen kann. Die riesengroße Leere, die danach schreit, erfüllt zu werden. Diese Frau ist wie ausgetrocknet. »Hey«, sagt sie, »ich will doch nur ein bisschen Aufmerksamkeit, akzeptiert werden, dass man mir sagt: ›Du gehörst dazu, du bist wichtig, du fehlst, du wirst vermisst, wenn du nicht da bist.‹« *Jesus zeigt dieser Frau: Kein Mensch kann auf Dauer einen anderen glücklich machen, der nicht selber glücklich ist.*

Ich habe in diesem Buch von der Suche nach Freundschaft erzählt, von der Sehnsucht nach Verschwesterung, von Beziehungen zu Frauen, die mich halten, ermutigen und herausfordern, von einem Entschluss gegen den Neid und der Fähigkeit, andere zu lieben. Am Ende dieses Buches sage ich, dass ich mein größtes Glück in Gott gefunden habe. Ich möchte damit ausdrücken, dass kein Mensch, kein Mann, kein Kind, weder Mutter noch Vater, keine noch so gute Freundin oder Schwester uns so lieben können, wie Gott es tut. Auf der Suche nach Glück finde ich am Ende Sicherheit und Frieden in Gottes Armen.

Diese Welt erscheint mir oft so gottlos, und angesichts von Armut, Ungerechtigkeit, Gewalt, Hass und Menschenverachtung so wenig liebenswert. Wir merken: Das kriegen wir nicht mit ein bisschen gutem Willen und etwas Anstrengung selber wieder hin. Diese Welt ist kaputt, ganze Völker mögen sich nicht in die Augen sehen, ganze Familien verstehen sich nicht. Warum ist diese Welt so geworden?

»Warum? Warum, mein Gott?«, hat auch Jesus bei seinem Tod am Kreuz gefragt. Er weiß, was es heißt, ein Mensch zu sein und in dieser Welt zu leben. Gott ist nicht weit weg, desinteressiert, abgewandt, weltfremd, zynisch. Gott liebt diese Welt, vermisst jeden Menschen und sehnt sich nach Beziehung.

Jesus zeigt uns, wie Gott ist. Er liebt und liebt und bringt sich damit in Lebensgefahr. Er stirbt noch aus Liebe und rettet uns aus dem Tod und der Verzweiflung, als er aus dem Tod aufersteht zum ewigen Leben.

Es war ein radikales Aha-Erlebnis für mich damals in dem afrikanischen Slum. Ich habe dann erlebt, wie Gott meinen Zorn, meine Hilflosigkeit und Bitterkeit wegnahm und eintauschte gegen Dankbarkeit, Kraft und Liebe. So dass ich mir heute ein Leben ohne Gott nicht mehr vorstellen kann und Jesus nachfolgen möchte.

In Indien habe ich mich mit einer Frau in einem sehr verarmten Dorf unterhalten. Es ging auch um einen Brunnen. Sie erklärte mir, wie lebensnotwendig sauberes Wasser ist, und fragte mich dann: »Durst, das gibt es wohl in Deutschland nicht. Und hungern tut da keiner, oder?«

Was sollte ich ihr sagen? Dass es oberflächlich gesehen

kaum Hunger gibt? Aber Sehnsucht, Lebensdurst, ungestilltes Verlangen – nach Liebe, Frieden, Dazugehören, nach Sinn und Hoffnung? Dass nur wenige Hunger haben müssen, aber viel zu viele kotzen? Oder hungern und leer sind? Sozusagen im Hungerstreik, weil sie sich weigern, weiter mitzuspielen?

Gott ist das nicht egal. Er sagt: »Ich liebe dich. Alles in mir sehnt sich nach dir! Ich vermisse dich. Ich will mit dir leben. Komm, lass uns reden. Bitte, mach dich auf die Suche – bis du mich gefunden hast. Geh deiner Sehnsucht nach!«

Die Frau an dem Brunnen merkt plötzlich: Dieser Jesus ist meine Chance, da rauszukommen. Aber warum eigentlich? Weil er sie nicht verurteilt? Weil er sie kennt und ihr trotzdem das Gefühl gibt, akzeptiert zu sein? Weil er kein bisschen arrogant um die Ecke kommt? Was ist es, was sie an Jesus fasziniert? Sie und so viele nach ihr?

Man merkt, dass er mitfühlen kann. Dass es ihm fast das Herz bricht, wenn sie so unglücklich ist. Aber da ist noch etwas. Er sieht auch aufmerksam aus. Er strahlt Kraft aus, inneren Frieden. Als wüsste er genau, wer er ist. Und warum er hier ist. Ja, der Typ sieht glücklich aus. Nicht dieses Glücksgefühl: »Alles easy.« Sondern tief innen zufrieden, ganz heil.

»So wäre ich auch gerne«, denkt die Frau. »Aber so bin ich nicht. Ich bin verletzt, empfindlich, kaputt, irritiert. Was ich tue und was ich mir antun lasse, macht mich fertig.« Und sie merkt: »Das kriegst du nicht alleine, durch eigene Anstrengung wieder hin, mit ein bisschen gutem Willen. Aber mit Jesus – da könnte ich noch mal ganz von vorne anfangen. Alles kann neu werden.«

Sisterhood ist eine Vision: dass viele Frauen sich selbst und andere Frauen schätzen und lieben lernen. Aber am allermeisten hoffe ich, dass viele diese ewige Liebe kennen lernen. Gott stiftet die allergrößte Solidarität, die Liebe, die ewig bleibt, rettet und heilt. In ihm beginnt unser Glück, und in ihm wird es vollkommen.

Wichtige Themen für Frauen – gutes Material für Gesprächsgruppen!

Jeweils 6 Themen-Bausteine für Gesprächsgruppen. Das bringt Sie weiter!

Freundschaften leben
Unsere Welt verändert sich rasch. Umso wichtiger ist es, Freundinnen zu haben, auf die wir uns verlassen und mit denen wir Neues ausprobieren können.
Bestell-Nr. 224 768

Innere Balance finden
Unser inneres Gleichgewicht ist entscheidend – für uns selbst und für die Menschen, mit denen wir leben.
Bestell-Nr. 224 769

Authentisch Glauben leben
In einer Zeit, in der es vor allem um eine makellose Fassade geht, braucht es Mut dazu, echt zu sein. Umso wichtiger ist es, sich gegenseitig darin zu bestärken.
Bestell-Nr. 224 770

Gottes Absichten mit mir
Die eigene Lebensaufgabe finden und verwirklichen. Dem eigenen Weg folgen, den Gott uns führen will. Das gibt uns Gelassenheit und Kraft.
(erscheint Frühjahr 2003)
Bestell-Nr. 224 771

Wichtige Entscheidungen treffen

Vor lauter eiligen Dingen auf unserer To-do-Liste übersehen wir leicht die wirklich wichtigen Entscheidungen, die wir zu treffen haben. Mit ihnen können wir unser Leben in guter Weise voranbringen.

(erscheint Frühjahr 2003)

Bestell-Nr. 224 772

Wieder neues Selbstvertrauen gewinnen

Wir finden den Mut, die Weisheit und das Vertrauen zu Gott, um unser eigenes Leben und das der Menschen, die uns nahe stehen, positiv zu prägen. Das bedeutet neue Freude und Hoffnung für uns und die Menschen in unserer Nähe.

(erscheint Frühjahr 2003)

Bestell-Nr. 224 773

R. BROCKHAUS VERLAG WUPPERTAL